세상은 모두 다큐멘터리였다

세상은 모두 다큐멘터리였다

세상은 모두 다큐멘터리였다
_김PD의 20년 취재 여행기

ⓒ김덕영, 2011

제1판1쇄 인쇄 | 2011년 5월 12일
제1판1쇄 발행 | 2011년 5월 18일

지은이 | 김덕영
펴낸이 | 박미옥
디자인 | 이원재

펴낸곳 | 도서출판 당대
등록 | 1995년 4월 21일 제10-1149호
주소 | 서울시 마포구 합정동 354-34 엘림오피스텔 602호
전화 | 02-323-1315~6
팩스 | 02-323-1317
전자우편 | dangbi@chol.com

ISBN 978-89-8163-154-3 03040

세상은 모두 다큐멘터리였다

_ 김PD의 20년 취재 여행기

당대

pathei mathos

"고난을 통해 지혜를 얻다."

사랑하는 두 아들 강한이와 지유의 먼 훗날

더 멋진 '책과 여행'을 위해

당신의 여행가방엔
무슨 책이 들어있나요?

혹시 당신의 인생을 차분하게 되돌아보면서 가장 기억에 남는 일들을 종이에 적어본 적이 있는가? 중요한 사건, 중요한 만남 그리고 중요한 사람에 이르기까지, 이런 점점의 시간들이 엮어지면서 자신이 살아온 지난날의 일들이 파노라마처럼 펼쳐지는 경험을 가끔씩 하게 된다.

그런데 이런 결정적인 순간들을 가만히 되돌아보면 한 가지 흥미로운 사실을 발견할 수 있다. 우리의 인생에서 결정적인 순간들 속에 의외로 많은 '책'들이 개입되어 있다는 사실이다. 책을 읽고 세상을 보는 눈이 바뀌기도 하고, 반대로 뭔가 간절하게 변화를 찾기 위해 고민하다 뜻밖의 책 한 권에 눈이 번쩍 뜨이기도 한다.

의외로 많은 사람들의 삶 속에, 그리고 그들 인생의 터닝 포인트에 책이 개입되어 있다는 사실은, 다큐멘터리를 제작하는 나에게는 오래 전부터 관심이 끌리는 주제 가운데 하나였다.

다큐멘터리 프로듀서로서 나는 세계 여러 곳을 자유롭게 여행할 수 있는 기회를 얻었다. 지금 돌이켜보면 실로 나의 삶에서 커다란 축복이 아닐 수 없다. 사람은 자신이 놓여 있는 환경에 따라 친구를 사귀고 관계를 맺는다. 이런 사회적 경험을 통해 자신의 개성과 사회를 보는 관점이 형성된다. 나는 횡적으로는 국경이라는 틀을 넘어 세계 여러 나라의 사람들과 교류를 했다. 종적으로는 영등포역 뒤편 쪽방촌에서 하루하루를 힘겹게 살아가고 있는 가난하고 소외된 사람들에서부터 돈에 있어서는 세상에 부러울 게 하나 없는 기업의 총수까지 만나 그들의 삶을 접했다.

그러는 사이 어느덧 20년이 흘렀다. 다큐멘터리 프로듀서로 살면서 정말 수없이 많은 사람들의 삶을 대신 경험했다. 타인의 삶을 과거에서부터 현재, 미래까지 송두리째 발가벗긴 채로 엿볼 수 있는 사람은 아마 성당에서 고해성사를 받는 신부님과 카메라를 든 다큐멘터리 프로듀서밖에는 없을 것이다.

어느 날, 나는 지금까지 살아오면서 만났던 수많은 다큐멘터리의 주인공들을 하나하나 떠올려보았다. 천차만별이라고 할 만큼, 한 사람 한 사람 저마다 다르기만 했던 내 주인공들의 삶에 한 가지 공통점이 있음을 문득 깨달았다. 그들의 삶이 중요한 전환점을 맞이할 때마다 빛을 발한 존재가 있었다. 바로 책과 여행.

놀랍게도 사람들은 뭔가 급격하게 자신의 삶을 변화시키거나 혹은 변화를 간절히 바라는 순간마다 한 권의 책을 손에 들고 있었다. 뿐만 아니라 삶의 전환점에는 잊지 못할 여행의 기억들이 존재하며, 반대로 삶을 바꾸기 위해서 일부러 낯선 곳으로 여행을 떠나기도 한다. 때로는 여행을 통해 얻은 우연한 만남 속에서 삶의 변화가 시작되기도 하고, 그 이야기를 책으로 써서 인생 자체가 송두리째 변화시킨 사람도 있었다.
뒤집어놓고 보면 좋은 '책과 여행'은 인간의 행동에 어떤 형태로든 결정적인 영향을 끼치고 있음을 알 수 있다.

도대체 왜 그럴까? 어쩌면 너무나 당연해서 물음을 던지는 것조차 불필요하게 느껴졌던 '책과 여행'의 가치와 의미에 대해 조금은 근본적인 철학적 질문을 던져보기로 했다. 지금부터 내가 말하려는 이야기는 다큐멘터리 프로듀서로 타인의 삶을 관찰하면서 경험했던 책과 여행에 얽힌 결정적인 순간들에 대한 기억들이다.

왜 좋은 책을 읽으면 행동의 변화가 일어나는지, 또 행동의 변화, 삶의 전환점을 불러들이기 위해서 왜 우리는 여행에 목말라 하는지를 나는 지금부터 이야기하려고 한다.

'책과 여행'에 얽혀 있는 이런 질문들에 하나하나 답을 찾기 위해 우선 나는 여러 사람들에게 인터뷰를 요청했다. 때로는 길에서 처음 만난 낯선 사람에게도 말을 걸어보았다. 그들의 여행과 그들의 책에 관한 이야기를 나눌 수 있는 기회는 소중한 것들을 다시 생각해 보는 색다른 기회였다.
그리고 그들의 이야기를 종합해 보면서 처음 예상했던 것들이 틀리지 않음을 확인할 수 있었다. 그들의 인생에서도 책과 여행은 서로 만났을 때 더 큰 힘을 발휘하고 있었다. 여행하는 동안 읽기 시작한 한 권의 책은 다른 어떤 시간과 장소에서 읽었던 책들보다 강렬한 기억으로 남는다.

'책과 여행'은 미지의 세계를 경험하고 새로운 지식을 몸으로 익힌다는 점에서 같은 기능을 지니고 있다. 여행이 두 다리와 두 눈, 온몸으로써 터득하는 배움의 세계라면 책은 상상력과 사고력 같은 두뇌활동을 통한 지식의 여행이다.
하지만 우리가 살아가면서 "책과 여행을 제대로 활용하고 있는가"

라는 물음에 제대로 답을 할 수 있는 사람도 그리 많지 않다. 한 사람의 인생을 설계하고 만들어가는 과정에서 가장 소중한 두 가지 일들을 "우리는 과연 얼마나 잘해 내고 있을까?" "여행을 하면서 책을 읽은 적이 얼마나 될까?" "여행가방을 꾸리면서 읽고 있던 책을 책장에 꽂아버리고, 대신에 **여행가이드북**을 가방에 싼 적은 없었나?"

만약 지금 당신이 간절히 당신의 삶을 변화시키고자 한다면, 책과 여행의 소중함에 다시 눈을 떠야 한다. 만약 당신이 지금 어디선가 홀로 여행을 하고 있는 중이라면 당신의 주변에서 다가오고 있는 그 새로운 우연을 향해 눈길을 돌려야 한다. 여행중에 당신에게 다가오는 우연이 당신을 가장 잘 찾을 수 있도록 해주는 방법 가운데는 분명 당신이 책을 읽고 있는 모습도 포함이 될 것이다.

이번 작업을 위해서 나는 공항, 터미널, 기차역에 나가 여행자들을 관찰했다. 그들에게 말을 붙여보고 그들의 여행가방 속에 무엇이 들었는지 다소 황당한 질문도 던져보곤 했다. 수없이 많은 사람들이 스쳐갔다.

언제 어디서나 떠나는 사람들은 참 유쾌하다. 그들의 떠남에는 늘 기대와 흥분이 교차하는 걸 느낄 수 있다. 공항 한켠에 떠들썩하게 모여 있는 동네 아주머니들의 해외관광에서부터 은퇴를 한 어느

노부부가 손을 잡고 비행기에 오르는 다정하고 오붓한 여행도 있었다. 조기영어교육의 열풍 속에 몸집보다 큰 가방을 끌고 출국장을 향해 들어가던 초등학교 아이들 그리고 경쾌한 발걸음으로 성큼성큼 걸어가는 배낭을 짊어진 젊은 여행자들의 모습까지, 여행은 늘 우리에게 설렘과 기대감을 준다.

"잠깐 실례합니다.
당신의 여행가방엔 지금 무슨 책이 들어 있나요?"

뜬금없이 던진 질문에 여행자들이 어리둥절 놀라는 것은 당연하다. 우선 나는 잠시 기다림에 지쳐 지루해 보이는 사람들을 주로 골라서 말을 걸었다. 어차피 공항에 나가보면 출발시각까지 한두 시간은 족히 남아 있는 여행자들을 쉽게 발견할 수 있다. 어떻게 보면 귀찮은 일일 수도 있을 것 같은데 여행에 대한 설렘 때문일까, 그래도 그다지 언짢은 표정을 짓는 사람은 별로 없었다. 나는 지금 그들에게 말을 거는 이유를 설명하고 여행가방 안에 책이 들어 있는지, 들어 있다면 어떤 책인지 잠깐 동안 질문을 했다. 고작 질문이라고 해봐야 한두 가지의 짧은 물음일 테지만, 그래도 낯선 사람의 출현에 당황하지 않도록 조심해서 말을 꺼냈다.

그럴 때마다 주섬주섬 가방을 열고 책을 보여주는 사람들이 참 고맙기만 하다. 갖가지 물건들로 꽉 채워진 여행가방, 그들의 여행 가방 안에서 나는 한 가지 흥미로운 것을 발견했다. 색깔도 모양도 저마다 다르지만 여행자의 가방 속에 들어 있는 책은 대부분 한 가지였다. 바로 여행 가이드북이다. 주요 관광지, 박물관, 미술관, 호텔을 비롯한 갖가지 숙박시설, 식당 들의 주소와 위치 정보가 담긴 여행정보서들. 여행가방이 터질듯이 구겨져 들어 있는 그 두꺼운 여행정보 가이드북을 보면서 문득 이런 생각이 들었다.

'모두가 같은 장소를 구경하고, 같은 식당에서 밥을 먹고, 같은 숙소에서 잠을 잔다면… 혹시 여행의 기억도 그렇게 서로 복제되는 것은 아닐까? 그렇게 복제된 여행의 기억 말고 좀더 자신만의 특별한 여행을 하는 것은 어떨까?

출발점에 선 여행자의 불안한 심리를 어느 정도는 이해할 수 있다. 하지만 그래도 진짜 살아 있는 여행, 자신만의 독특한 경험을 얻고자 한다면 뭔가 그 출발점부터 달라야 하는 것은 아닐까? 이런 생각을 하면서 그들의 떠나는 뒷모습을 물끄러미 바라본다. 그리고 돌아와서 나는 나의 취재노트에 맨 처음 이렇게 적었다.

여행을 떠날 때 이젠 더 이상 『론니 플래닛』을 넣지 마세요.

따지고 보면 우리는 이미 비행기표를 사기 전부터 우리가 여행하려고 하는 목적지에 대한 정보를 열심히 찾고 정리해 놓는다. 비록 가보지 않은 곳이라도, 우리를 대신해서 먼저 그곳을 다녀온 여행자들 덕분에 이미 그곳에 가본 듯한 착각마저 든다. 그들은 친절하게 사진과 해설을 덧붙인 자세한 이야기들을 부지런히 블로그에 업데이트하고 있다. 이제 어느 곳으로 여행을 하든 그곳이 어떤 곳인지 미리 사진 한 장 정도는 확인해 보고 갈 수 있는 정보환경 속에서 우리는 살고 있다. 그렇기 때문에 참고서만큼 무거운 여행 가이드북을 가방에 힘겹게 쑤셔넣고 떠나야 할 절실한 이유도 없다. 그것은 어쩌면 우리를 둘러싼 정보환경 속에서 알게 모르게 우리가 길들여진 것일지 모른다.

정보에 대한 집착, 정보에 대한 욕심, 정보를 소유해야 한다는 강박증, 이런 것들이 없는 사람은 현대인이 아니다. 하지만 정보의 과잉과 범람 속에서 여행의 재미는 줄어들어만 갈 것이다. 여행은 우리가 얼마나 불필요한 정보들 속에서 살아가고 있는지 되돌아보게 만드는 기회를 준다.

오히려 조금은 잘 모르는 낯선 곳에서 때로는 길을 헤매기도 하고, 잘 못하는 짧은 영어지만 물어물어 길을 찾는 재미, 바로 그것에서부터 여행의 재미는 시작된다. 길을 헤매는 것은 여행자만의 특권이며, 낯선 자에게 내가 지금 어디에 서 있는지 모르겠다고 고백하는 것이야말로 자기를 찾기 위한 첫번째 발걸음일 수 있다.

나는 그래서 몇 줄 더 적어 내려가면서 첫번째 취재노트를 마무리 지었다.

그냥 가보는 겁니다. 비행기표를 예약하고 여행준비를 하면서 이미, 떠나기도 전부터 당신이 가고자 하는 목적지에 대한 정보는 훤히 꿰뚫고 있지 않나요? 괜히 무거운 참고서 같은 여행 가이드북을 책가방 싸듯이 챙기지 않아도 됩니다.

오히려 조금은 잘 모르는 곳에서 행운이 찾아옵니다. 당신이 헤매는 낯선 곳에서의 경험 하나하나가 당신이 평생 가져갈 소중한 기억이 되니까요. 늘 그렇듯이 불안한 영혼은 어딘가에서 구원의 천사를 애타게 부릅니다. 마음으로 외치는 소리를 듣고 어디선가 당신을 위한 흑기사가 말을 타고 달려올지도 모르는 일 아니겠어요?

그러니까 이제『론리 플래닛』대신 정말 당신의 여행과 꼭 맞는 책, 읽어보고 싶었던 책들을 넣으세요. 어차피 비행기 타고 갈 때 아니면 제대로 읽지도 못하잖아요. 그러니 정보를 꼭 손에 넣고 있어야 된다는 욕심은 조금 버리세요. 그보다 당신 앞에 펼쳐질 낯선 세상의 거리, 카페나 공원에 앉아 잠시라도 읽을 수 있는 당신만의 책 한 권을 준비하세요. 당신 인생의 가장 소중한 순간으로 기록될 가장 멋진 순간을 당신과 함께할 그런 멋진 **책 한 권**이면 이제 충분합니다.

지금 당신의 여행가방엔 무슨 책이 들어 있나요?

274min
HDV1080i 60i
REC
00:02:42:16
CH1
CH2

공항, 터미널,
기차역에서
내가 만난 사람들

평생 동안 보들레르는
항구, 부두, 역, 기차, 배, 호텔방에 강하게 끌렸다.

자신의 집보다 여행을 하다 잠시 머무는 곳에서
더 편안함을 느꼈다.

파리의 대기가 그를 짓누를 때면,
세상이 단조롭고 작아 보일 때면, 그는 떠났다.

'떠나기 위해 떠났다'.

항구나 역으로 가, 속으로 소리를 질렀다.
"열차야, 나를 너와 함께 데려가다오.
배야, 나를 여기서 몰래 빼내다오!
나를 멀리, 멀리 데려가다오."

_T. S. 엘리엇

여행, 책, 공항. 이 세 가지의 삼각형 꼭짓점을 연결하다 보면 늘 머물게 되는 점, 한 곳이 있다. 뜻밖에도 나에게 그곳은 남미의 오랜 유산이 숨겨져 있는 곳, 바로 멕시코시티다. 그리고 나에게 그곳은 멕시코가 낳은 자유로운 영혼의 예술가 프리다 칼로로 기억되는 곳이기도 하다. 멕시코에 도착하기 전부터 나는 다른 곳은 제쳐두고라도 꼭 프리다 칼로의 아틀리에만큼은 직접 내 눈으로 보고 싶었다.

지금도 그렇지만 10여 년 전만 해도 멕시코를 여행하려면 한두 번은 비행기를 갈아타야 했다. 나의 경우에는 저렴한 비행기표를 얻기 위해서 서울에서 도쿄, 도쿄에서 LA, 다시 LA에서 멕시코시티로 세 번이나 비행기를 갈아탔다. 비행기를 타기 위해 대기한 시간

까지 합쳐보니 이동한 시간은 모두 스물세 시간이나 되었다. 서울
에서 멕시코시티로 이동하기 위해서 거의 하루가 걸린 셈이다.

자연히 기다리는 시간도 많고 해서 공항에서 책 한 권을 샀다.
그리고 그 책은 나를 온통 이국적인 남미의 열정과 지금까지 드러
나지 않았던 전설 같은 이야기들 속으로 빠져들게 했다. 그 이야기
의 주인공이 바로 프리다 칼로였다. 그림에 대한 천부적인 재능과
독특한 인생관 그리고 그녀가 만나고 사랑했던 역사 속의 인물들
까지 모든 것이 한 편의 영화처럼 나에게 다가왔다.
사실 이때까지만 해도 나는 프리다 칼로라는 화가에 대해서 잘 알
지 못했다. 다만 그림을 참 처참할 정도로 사실적으로 파고드는 여
성화가, 하지만 그의 비참한 이미지들 속에는 한마디로 표현하기
어려울 정도의 강렬한, 여성과 자기 민족에 대한 애정이 가득 넘치
고 있다는 것을 느낄 수 있었다. 처절함과 숭고함이 동시에 교차하
는 이미지라고나 할까.

그렇게 내게 프리다 칼로는 단편적인 지식으로 이해한 정도였지,
뭐 특별히 그녀의 그림에 빠져 애정을 느낄 정도의 수준은 아니었
다. 그런 내가 그 책을 읽어가면서 뜻밖에도 그녀가 살았던 세계
속으로 점점 빠져들어 갔다. 그림이 아니라 책을 통해 프리

다 칼로를 마주하게 되었던 것이다.

멕시코혁명, 제3세계, 러시아의 혁명가 트로츠키와의 애증에 얽힌 삼각관계 그리고 자기정체성을 찾기 위한 처절한 몸부림까지, 그녀의 삶에는 내가 그동안 알지 못했던 흥미로운 소재들이 가득했다. 한마디로 자유롭고 싶었던 한 예술가의 삶을 그 시대는 그렇게 호락호락하게 내버려두지 않았던 것이다. 한평생을 여성과 혁명 그리고 자신과의 치열한 한 판 싸움 속에서 쉼 없이 달려왔던 그녀였건만 숨을 거두던 마지막 순간, 그녀는 "두 번 다시 이 지구라는 별에는 돌아오지 않을 것이다"라고 외치며 삶을 마감했다.

나는 그녀가 돌아오지 않겠다고 말한 이 '지구라는 별'에서 조금이라도 더 행복을 누리며 살고 싶은데, 어째서 그녀는 마지막, 삶을 마감하면서 그런 말을 남겼을까? 그녀를 따르던 수많은 멕시코의 지식과 예술가들 그리고 그녀가 사랑했던 멕시코의 민중들에게 이 말은 어떤 의미로 다가왔을까? 혹시 정말 그녀는 이 지구라는 별을 떠나 지금은 다른 별들 사이를 여행하고 있는 것은 아닐까?

한순간에 수많은 물음표들이 내 발 밑에 떨어졌다. 이런저런 호기심에 빠져 잠이 들었다 싶었는데 어느 순간 스피커를 통해 기장의 목소리가 들려온다.

"이제 곧 멕시코시티 국제공항에 도착합니다. 좌석에 앉아 안전벨트를 매주세요."

멕시코시티에서 허락된 시간은 일주일. 늘 하던 대로 그 일주일이란 정해진 취재일정 중에서 마지막 하루를 온전히 나를 위해 쓰기 위해서 나는 6일 동안 남들의 두 배 이상 부지런히 취재를 하러 뛰어다녔다. 그만큼 그 책을 통해 생겨난 프리다 칼로에 관한 궁금증은 나의 멕시코시티 일주일 여정을 지배하고 있었다. 마침내 정해진 일정들을 다 소화해 냈다. 이제 내일은 그토록 기다리던 나를 위한 시간이다.

시내 중심가에서 조금 떨어진 곳에 위치한 프리다 칼로의 아틀리에를 찾기 위해서 나는 하루 전날부터 부지런히 자료를 찾고 지도를 구해다가 표시를 해나갔다. 지도에 표시된 지명은 Londres 235번가, Del Carmen, Metro Coyoacán 구역. 코요아칸이라는 이름을 보는 순간 오래된 아스텍 문명의 흔적이 느껴진다. 처음 가보는 길, 오직 출발지와 목적지만이 존재한다.

우선은 지도 위에 동선을 표시하는 작업으로 시작했다. 이윽고 지도에 빨간색 볼펜으로 그어지는 선들 안에 프리다 칼로의 생활범위가 포함되었다. 이곳저곳의 가게들이나 음식점들 그리고 거리의 이름들이 포스트잇에 적혀 빽빽하게 붙여졌다. 목적지는 그녀의 아틀리에이지만, 어차피 그곳에 도착하기까지 나는 촘촘히 붙은 포스트잇의 낯선 이름들을 점점이 거쳐 가게 될 것이다. 분명 그 점점의 장소들도 나에게는 흥미로운 체험거리가 될 것이다.

'자! 이제 출발해 볼까?' 드디어 계획에도 없던 여행 속의 여행이 시작되었다. 모든 것을 우연에 기대는 설렘, 그렇게 우연에 몸을 맡기자 묘한 흥분도 밀려왔다.

그런데 뜻하지 않은 곳에서 갑자기 문제가 발생했다. 이곳에 도착해서 공항에서부터 현지 안내와 취재에 도움을 주었던 현지 한국 기업의 주재원들이 늦은 밤에 나를 호출한 것이다. 이유는 당연히 그들의 계획에는 없었던 나의 돌출적인 개인행동에 있었다. 적어도 그들에게는 내가 얌전하게 멕시코를 떠나는 것이 가장 바람직한 결과였다. 프리다 칼로의 아틀리에를 찾겠다는 나의 시도는 그들에게는 예측 가능한 범위를 벗어나는 위험스런 일이었다. 혹시라도 취재진에게 문제가 생기면 그것은 고스란히 자신들의 책임으로까지 이어질 수 있다고 믿고 있었기 때문이다. 그러니 호텔 로비에서 나의 얼굴을 보자마자 달려와서는 안전상의 이유를 말해

가며 계획에도 없는 그 여행을 포기해 달라고 하소연하는 것도 어느 정도는 이해가 갔다.

그들이 나에게 여행취소를 요청한 이유는 사실 수십 가지도 더 됐다. 나름대로는 다 논리적이고 머리로는 충분히 이해할 수 있는 말들이었다. 물론 지금, 그때 그들이 했던 말들이 다 기억나지는 않는다. 하지만 한 가지만큼은 아주 분명하게 기억이 난다. 지금도 머릿속에 생생하게 기억될 만큼 꽤나 충격적인 이야기였으니까.

"멕시코에서는 말이죠, 택시강도가 뭔지 아십니까? 여기서는 택시강도가요, 우리처럼 택시기사를 칼로 위협하고 돈을 뜯어가는 강도가 아닙니다. 여기서 택시강도란 택시드라이버가 손님을 태운 뒤에 어디 으슥한 곳에 데리고 가서 돈을 뜯는 걸 말해요. 택시드라이버가 강도로 돌변한다는 뜻이에요. 제가 왜 이런 말씀을 드리는지 아시죠…?"

어안이 벙벙하다는 말은 이럴 때 하는 말임에 틀림없다. 솔직히 그 말을 곧이곧대로 믿으면 '덜컥' 겁부터 나는 게 당연할 것이다. 길을 모르는 여행객들이 자주 이용할 수밖에 없는 게 택시인데, 그 택시를 운전하는 기사가 강도라니 할말 다한 것 아니겠는가?

그렇지만 며칠을 걸려서 준비한 여행인데, 확인도 되지 않은 택시강도 얘기 하나 때문에 모든 것을 포기한다는 것도 있을 수 없는

일이었다. 단지 일만 하기 위해서 23시간이나 비행기를 타고 이곳
에 왔다 그냥 그렇게 일만 끝내고 돌아간다면 중간에 고생한 시간
들이 너무 아깝기도 하거니와 삶이 너무 단조롭고 재미없어지게
되니까 말이다. 더군다나 모든 취재가 완벽하게 끝이 났고 늘 그랬
듯이 나에게는 나를 위해 쓸 수 있는 하루의 여유가 있다. 그 시간
은 온전히 나를 위한 나만의 시간이어야 했다. 확인불명의 뜬소문
일지도 모를 택시강도 때문에 그 모든 계획을 포기한다는 것은 말
도 안 되는 일이었다. 정 그렇게 택시강도가 걱정이 된다면 택시를
타지 않으면 되는 것 아닌가 하고, 조금은 언짢은 투로 서둘러 그
들과의 대화를 끝냈다.
"알겠습니다. 택시는 조심하겠습니다. 그럼, 안녕히….″
자신들이 이렇게 얘기하면 대부분의 한국 사람들은 무서움에 그냥
발길을 돌린다는데 어찌 당신은 그렇게 고집이 세냐며, 한번 더 옷
자락을 잡는 그들에게 짤막하게 인사를 하고 부리나케 나는 방으
로 돌아왔다.

다음날 아침, 일찍부터 눈이 저절로 떠졌다. 사실 저절로 떠졌다기
보다는 내가 묵고 있던 멕시코시티의 공항 자체가 일종의 자동 알
람시계와 같다. 멕시코시티 공항 옆에 자리 잡은 그 호텔에서는 창
문을 열면 비행기의 이착륙이 한눈에 다 보인다. 호텔방이 약간 비

스듬한 각도로 공항 활주로와 평행을 이루고 있기 때문에 어떨 때는 착륙하는 비행기가 곧바로 나를 향해서 달려오는 착각이 들기도 한다. 반대로 굉음을 내지르며 **이륙하는 비행기**를 바라보고 있으면 뿜어내는 열기 때문에 꼬리부분에 길게 아지랑이가 피어나는 것도 볼 수 있다. 이륙이건 착륙이건 그곳에서는 **여행자에게 색다른 감상**을 자극하긴 마찬가지다.

이른 아침부터 비행기의 이착륙이 진행되는 곳이다 보니, 호텔에서 굳이 알람을 맞춰놓고 잠이 들지 않아도 자동으로 잠이 깼다. 그날도 그랬다. 침대에서 나와 창문 커튼을 열었다. 유나이티드 에어라인 소속의 비행기 한 대가 내려오고 있었다.

서둘러 외출준비를 하고 방을 나왔다. 로비에는 이른 아침부터 여러 나라에서 도착한 비즈니스맨들로 북적거렸다. 와자지껄 떠들며 분주히 오가는 사람들 사이로 현관문 쪽으로 걸어갔다. 사람들이 들락거리며 쉼 없이 돌아가는 회전문. 빈 공간이 다가오는 것을 보고 안으로 걸음을 옮겼다. 그런데 그만 회전문 속에서 다람쥐처럼 한 바퀴 쳇바퀴를 돌았다. 누가 쳐다보거나 신경 쓰지도 않았겠지만, 그래도 뭔가 중요한 것을 빼놓고 온 사람처럼 다시 복도를 가로질러 호텔방으로 방향을 틀었다. '젠장, 택시강도 하나 땜에 겁먹었나?'

다시 마음을 추스르고 회전문을 향해 발걸음을 되돌렸다. 고민하면 뭣하나, 일단 몸부터 움직이고 머리는 나중에 생각하자. 이렇게 마음먹고 회전문 안으로 다시 들어섰다. 다행히 이번에는 똑같은 바보짓을 하지는 않았다.

안과 밖의 기온차가 심해서일까? 멕시코의 서늘한 가을 아침공기에 섞여 불안감이 차갑게 가슴속으로 밀려왔다. 하도 겁을 줬기 때문일 게다. 그래, 사실 조금이 아니라 많이 겁났다. 불안하고 두렵고 그래서 지갑도 빼놓고 달러 몇 장하고 동전 몇 닢만 들고 나왔다. 아내가 선물한 손목시계도 침대 머리맡에 두고 왔다. 돈이 될 만한 것은 모조리 빼놓고 나온 걸로 봐서는 솔직히 겁먹고 있었던 게 틀림없다. 말도 통하지 않고 아무도 도와줄 사람이 없는 곳에서 홀홀단신으로, 현지인들도 어디에 있는지 잘 모르는 프리다 칼로의 아틀리에를 찾아나서겠다는 것이 그곳에서 10여 년 넘게 살고 있는 이들의 눈에는 그저 객기로밖에 안 보였을 것이다. 그렇지만 어쨌든 큰 호흡 한번 들이켜고 걸음을 옮겼다.

생각은 생각을 만든다. 나쁜 생각을 하면 나쁜 일이 일어나고, 좋은 생각을 하면 그 반대의 결과가 기다리고 있다. 미리 말하지만 나는 그 순간부터 세상에서 가장 천진난만한 사람들과 마주했다. 호텔방에 처박혀 있었다면 아마 절대로 경험할 수 없었을 아주 특별한 경험이었다.

호텔에서 나와 몇 걸음 옮기자 서늘한 아침공기가 온몸을 감싸고 돈다. 한낮의 뜨거운 열기와 비교하면 멕시코시티의 아침기온은 20도 이상 차이가 나는 것 같다. 배낭에 넣어둔 물병을 꺼내들고 한 모금 마신다. 열대 야자수들이 늘어선 거리로 나오니, 밝은 녹색과 하얀색이 조화를 이룬 멕시코 택시들이 길게 꼬리를 물고 달리고 있다. 지난밤 귀가 따갑게 조심하라는 말을 들었던 바로 그 멕시코 택시들이다. 아무리 눈을 가느스름하게 뜨고 의심의 눈초리로 보려 해도 택시에 타고 있는 사람은 그저 평범한 아저씨들뿐이다. 하지만 조심해서 나쁠 것은 없는 법, 일단은 다른 교통편을 이용하기로 마음먹었다.

제일 먼저 나를 기다리고 있던 것은 덜컹거리는 낡은 시내버스였다. 우리 돈 100원 정도면 탈 수 있는 버스인데 더할 수 없이 유쾌하고 재밌는 경험이었다. 사실 그 버스는 승객들을 위해 만들어진 전용버스는 아니었다. 색 바랜 베이비 블루 계통의 페인트칠이 벗겨져서 군데군데 녹슨 흔적들이 드러난 낡은 승합차를 개조한 버스였다. 게다가 좌석이 창가에 일렬로 죽 붙어 있어서, 도리 없이 앞사람의 얼굴을 빤히 쳐다보고 가야만 했다.
잠시 후 포장이 제대로 되지 않은 도로로 들어서자 버스는 덜컹거리기 시작했다. 출렁출렁, 버스 안에 있던 사람들이 하나같이 왼쪽 오른쪽으로 번갈아 몸을 흔들며 똑같은 율동을 하는 모양이 어찌나 우습던지, 그만 나도 모르게 웃음이 나왔다. 낯선 이방인의 웃음에 앞자리에 앉아 있던 사람들도 웃음이 터지는 눈치다. 웃음도 전염이 된다더니 그 말이 맞는 것 같다. 그날 흔들리는 작은 버스 안에서 그렇게 나는 진짜 멕시코의 평범한 사람들과 첫 대면을 했다. 그들 가운데 짚으로 엮은 모자 올이 너덜너덜 빠져 있는 모습이 꼭 제 빠진 이를 닮은 꼬마아이가 지금도 눈에 선하다.

그렇게 흔들리며 가길 20여 분, 어느 이름 모를 버스 정거장에 다다르자 버스기사가 큰 손짓을 해가며 내리라는 시늉을 지어보였다. 버스에서 내리자 또 다른 낯선 거리가 나를 맞이한다. 다시 지도를 꺼내 위치를 확인했다.

어느 이름 모를 교차로에서 방향을 가늠하느라 두리번거리고 있는데, 순간 눈앞에 노랗고 빨간 색색으로 물든 골목길이 아침안개 속에서 모습을 드러냈다. 이른 아침 물을 머금고 활짝 피어난 길거리 꽃가게들의 싱그러운 꽃들, 남미의 정열과 정취를 가득 담은 이름 모를 열대의 식물들, 프리다 칼로가 살았던 거리로 다가가면 갈수록 나에게는 모든 게 새로운 세상처럼 다가왔다.

그리고 마침내 지도의 한 점 한 점을 이어가다 마지막 마침표를 찍

듯 나타난 프리다 칼로의 아틀리에, 그녀가 정열적인 사랑을 나눴다는 연인이자 사상적 동지였던 디에고 리베라. 그리고 또 한 명의 연인 트로츠키까지 모두가 그곳의 주인공들이었다.

공항에서 이곳 아틀리에까지의 시간은 마치 점점이 이어진 그림처럼 내 머릿속에 새겨졌다. 내가 본 장면들은 그렇게 흡사 정갈한 전시장에 길게 붙박인 액자들 속의 그림을 쏙 빼닮았다. 그 두 시간 동안의 경험은 내가 살아오면서 습득한 모든 관습과 철저히 차단됐고 그래서 더 강렬하게 살아남았다.

프리다 칼로의 아틀리에는 작고 소박하고 깨끗했다. 여전히 아침의 서늘한 한기가 실내에도 감돌고 있었다. 너무 이른 탓인지 관람객이라고는 오직 한 사람뿐, 전시장 안에는 나의 발자국 소리만 울려 퍼진다. 벽면의 그림들과 사진을 둘러보고 있는데, 어린아이 몸통만큼 작은 나무계단이 눈에 띈다. 벽에 손을 갖다 대자 서늘한 감촉이 느껴진다.

나는 계단으로 발걸음을 옮겼다. 순간 삐걱삐걱, 못질한 나무계단 소리가 마치 공포영화의 한 장면 같다. 계단은 좁기만 한 게 아니고 빙글빙글 원을 그리며 올라간다. 짙은 밤색 페인트가 칠해진 나무계단을 계속 돌아 오르자 이윽고 창문으로 강렬한 아침햇살이 쏟아져 들어온다. 그리고 하나 남은 맨 위의 계단에 발을 올려놓

는 순간, 눈을 부릅뜬 프리다 칼로가 계단으로 올라오는 나를 뚫어
져라 쳐다본다. 등골이 오싹하며 소름이 끼친다. 아무도 없어야 할
공간에 마치 그녀가 살아 있는 것처럼 느껴졌다.

낯선 방문객은 누구나 마지막 계단에 발을 올리는 순간, 자신을 꿰
뚫을 듯이 쳐다보는, 벽에 걸린 프리다 칼로의 사진 속 눈동자와
마주친다. 프리다 칼로 식의 **기괴한 환영인사라고나
할까…**.

그녀가 이 세상에서 마지막 숨을 거둔 모습을 담은 사진도 보였다.
세상에 기록된 그녀의 마지막 얼굴. 그런데 그만 푸훗, 나는 엄숙해
야 할 그 자리에서 웃음이 나왔다.

'어, 코밑에… 콧수염이 있네?'

믿어지지 않았지만 멕시코의 에바 페론, 프리다 칼로의 코밑에는
수염이 나 있었다.

그림 속 그녀의 염세주의는 극단적이고 처절한 염세주의다. 부정
의 부정은 긍정이기에, 그래서 그녀의 처절한 염세주의는 역설적
이게도 희망으로 느껴진다. 모든 것을 부정하고 모든 것을 잘라버
렸다. 갓난아기를 젖 먹여 키워야 할 숙명적인 가슴까지도 자르고
그렇게 여성으로서의 자기를 버리려고 했던 그녀, 붉은 핏방울이
뚝뚝 떨어지는 선혈 속에서도 보는 사람은 차마 그림을 외면하지
못한다.

"나는 두 번 다시 이 지구라는 별에는 돌아오
지 않을 것이다."

그녀가 세상에 남긴 마지막 말이란다.

어떻게 이런 그녀가 멕시코 민중의 혁명에 그토록 강한 영향을 끼
쳤을까? 어떤 혁명과 이론이 이보다 더 처절할 수 있을까? 멕시코
민중들의 마음에 불을 댕긴 것은 어쩌면 저 처절한 그림 속의 인간
성을 되찾고자 하는 울부짖음 아니었을까? 순간 머릿속이 복잡해
졌다. 이럴 때는 확실한 것은 아무 소용이 없다. 그저 물 흐르듯 밀
려오는 느낌에 몸을 맡기는 것이 상책이다.

여행에서 예술가들의 흔적을 찾는 것은 가장 환상적이고 강렬하고
그래서 가장 오래 남는다. 충격도를 따지자면 박물관의 유물이 곱
하기 10 정도 된다면, 예술가들의 아틀리에는 곱하기 1000 정도는
되는 것 같다.

노란 나트륨 등불이 하나둘 불을 밝히기 시작하는 어스름
한 저녁, 멕시코시티 공항 옆에 있는 나의 호텔방으로 돌아왔다.

이제 진짜 가방을 꾸릴 시간이다. 가방 안에 프리다 칼로에 관한 책
을 맨 위로 놓을 생각이다. 올 때는 아무런 생각이 없었지만, 갈 때
는 누구도 경험하지 못했던 나만의 숨가쁜 기억들이 자리 잡고 있
기 때문이다. 책을 읽으며 빈 머리 안에 닥치는 대로 뭔가를 쑤셔

넣는 것보다 차곡차곡 옷을 개듯 기억을 정리하는 것은 그만큼 영혼이 자랐다는 느낌을 갖게 만든다.

날이 바뀌고 나는 이제 이곳을 떠난다. 여러 가지 기억들을 선물해준 멕시코. 그리고 멕시코시티 국제공항. 멕시코시티의 고도가 높다는 것을 증명하듯 마지막 색다른 경험 하나가 나에게 선물처럼 다가온다.

"이제 이륙합니다. 안전벨트를 착용해주세요."

비행기 안에서 승무원들이 바삐 움직이며 이륙준비를 한다. 엔진 소리가 들리고 비행기가 활주로 위를 달린다. 부웅~ 하는 소리와 함께 몸이 땅 위로 솟구친다. 몇 분 후 감고 있던 눈을 지그시 떴다. 활주로를 벗어난 비행기는 분명 고도를 높이고 있을 텐데, 창밖으로 내다본 멕시코의 붉은 대지는 점점 아래로 내려가고 있었다. 이런 착시현상을 보여주는 건 바로 멕시코시티가 해발 2천 미터 이상의 높은 고도에 위치하기 때문이다. 따라서 비행기는 이륙을 한 뒤 정상적인 고도를 찾아가며 하늘 위로 날아오르고 있지만, 주위의 산들은 탑승객들에게 땅 아래로 내려가고 있는 느낌을 준다. 물론 멕시코에 도착할 때는 정반대의 느낌을 안길 테고. 두 가지 모두 멕시코시티만의 묘한 즐거움이다.

PERFECT!

요즘에는 자기 손으로 자동차를 수리하는 모습을 발견하기가 어디서도 그리 쉽지 않다. 일단 예전에 비해서 자동차 구조가 일반인들이 수리하기에는 너무 복잡하고 여러 가지 첨단장비들을 갖추고 있기 때문에 자칫 혼자서 수리를 하겠다고 덤벼들다가는 더 큰 고장을 일으키기 십상이다. 그러다 보니 자연히 보닛을 활짝 열어놓고 손에 기름을 묻혀가며 자동차를 스스로 고치는 모습은 점점 옛말이 되어가고 있다.

그래서였던 것 같다. 나는 그 영국 할아버지에게서 이유를 알 수 없는 흥미를 느꼈다. 나이는 대충 어림잡아 예순에서 일흔 사이로 되어 보이는 노신사가 은백색 머리카락을 연신 뒤로 쓸어올리면서 아침나절부터 열심히 고장 난 자동차와 씨름을 하고 있었다.

그것도 매일 아침 8시 즈음, 지하철을 타기 위해 숙소를 나와 사거리 길모퉁이를 왼쪽으로 돌자마자 보이는 할아버지의 낡은 자동차. 활짝 열어젖힌 자동차 보닛은 마치 나를 보고 "굿모오닝~" 하고 하품을 하면서 아침인사를 하는 듯하다. 그곳에 머문 열흘 동안 나는 할아버지의 고장 난 자동차 옆을 매일 아침 호기심 어린 눈길로 스쳐 지나가야 했다.

2008년 여름, 어느덧 더위가 가시고 계절은 가을로 접어들고 있었다. 나는 런던 시내 남서쪽에 위치한 킹스턴대학교 근처에 민박집을 구했다. 영국 사람들은 이 동네를 뉴몰던(New Malden)이라고 불렀다. 주변에 도시 공공디자인으로 유명한 킹스턴대학교 캠퍼스도 있고 윔블던 파크도 멀지 않아 전체적으로 차분하고 평온한 분위기를 느낄 수 있는 곳이었다.

동네가 깨끗하고 정갈한 도심 속 전원 같은 분위기를 갖고 있다 보니 유학생이나 국내 기업에서 파견 나온 직원들에게도 소문이 나서 최근에는 한국 사람들이 부쩍 많아진 동네다. 중국인들의 차이나타운에 비할 수는 없겠지만 그래도 영국 속의 작은 코리아타운 같은 분위기가 느껴진다.

자연히 사람이 많아지다 보니 한국 음식점도 늘어나고 김치나 라면 같은 한국 식재료를 구할 수 있는 가게도 두어 개 문을 열었다. 전형적인 영국식 주택들이 빼곡히 늘어선 길가에 자리 잡고 있는

한국식 간판들이 내게는 여간 이국적인 모습으로 다가오는 것이
아니었다.

이번 런던여행의 목적은 크게 두 가지이다. 하나는 런던이 2012년
올림픽 개최도시로 결정된 이후 추진하고 있는 도시 리모델링의
기본 계획들과 건설현장을 둘러보는 일이고, 또 다른 하나는 창조
산업(creative industry) 육성이라는 기치를 걸고 추진되어 온 영국
디자인의 경쟁력을 취재하는 데 초점이 맞춰져 있었다.
한때 세계의 공장이라 불리며 제조업의 왕국을 자처했던 영국, 하
지만 이제 영국에서 굴뚝을 찾아보기란 쉽지 않다. 그보다는 디자
인이나 패션, 출판과 같은 문화 창조산업들이 영국의 미래를 대신
해서 이끌고 있다. 영국은 2012년 올림픽을 통해서 자신들이 추진
해 온 창조산업의 성과를 전세계에 자랑하겠다는 각오로 차근차근
준비를 해오고 있던 때였다.

사실 나는 오래 전부터 영국의 문화 창조산업이 지니고 있
는 강한 생명력과 전통에 많은 관심이 있었다. 조금만 관심을 기울
여 살펴보면 영국의 창조산업이 지닌 경쟁력과 위력은 금방 실감
이 간다.
우선 출판과 문학 부문에서 영국은 시장 자체가 글로벌하게 짜여

있다. 한마디로 한 권의 책을 만들기 위해서 처음부터 전세계 출판 시장을 상대로 기획과 판매, 마케팅을 준비한다. 영국 출판계를 취재하면서 느낀 홍미로운 한 가지는 '로컬'(local)의 개념이 우리와는 다르다는 점이다. 일반적으로 한 나라 안에서 지방을 뜻하는 '로컬'이라는 말이 영국에서는 아프리카나 아시아, 중남미 등의 지역을 가리키는 개념으로 확장되어 있다. 19세기 세계 곳곳에 식민지 경영을 이룩했던 대영제국의 흔적 때문이기도 하겠지만, 어쨌든 그런 이유 때문인지 영국의 출판인들에게는 세계 각국의 나라와 인종 간에 벌어지는 갈등과 사회적 현상을 자신들의 문제로 받아들이려는 습성이 있다. 그만큼 강한 책임감을 갖고 책을 만들고 있다는 뜻이기도 하다. 또 한편으로는 처음부터 전세계 시장을 염두에 두고 책을 만든다. 이제 우리에게는 너무나 유명해진 『해리 포터』 시리즈의 조안 롤링으로부터 시작해서 『반지의 제왕』의 J. R. R. 톨킨, 『나니아 연대기』의 C. S. 루이스 등은 대표적인 영국 판타지문학의 거장들이다.

조금 과장된 면도 없지 않겠지만, 총 7권의 시리즈로 이뤄진 『해리 포터』의 경우 4억 부 넘게 판매된 데다 영화로 만들어지면서 캐릭터 상품까지 합세해 전체적으로 300조 원에 가까운 수입을 올렸다고 전해지고 있다. 이 수치는 2009년 우리나라 반도체 수출총액 230조 원보다 훨씬 많은 액수이다.

패션산업에서도 영국 출신 디자이너들의 활약은 눈이 부실 정
도이다. 버버리의 수석디자이너 크리스토퍼 베일리, 크리스찬 디
오르의 수석디자이너 존 갈리아노, 얼마 전 자살로 생을 마감한 지
방시의 수석디자이너였던 알렉산더 매퀸, 세계 곳곳에 자신의 이
름을 붙인 매장 600개를 보유하고 있는 스텔라 매카트니 등이 바로
선두그룹에 해당된다. 한마디로 세계적인 명품 기업들이 영국의
디자이너들에게 자신들의 미래를 맡기고 있다고 해도 과언이 아닐
정도다.

건축설계 부문에서도 영국 출신 건축가들의 활약은 두드러진
다. 언젠가 한 건축가는 전세계 초대형 건축 프로젝트는 모두 런던
에서 설계도가 그려지고 있다고 말한 적이 있었다. 그게 그렇게 허
황된 이야기가 아니다. 뉴욕의 9·11테러로 무너져 내린 월드 트레
이드 센터 자리에 새로 지어지고 있는 프리덤 타워의 설계를 맡은
리처드 로저스, 그는 이미 혁신적인 건축의 고전으로 일컬어지고
있는 파리 퐁피두센터의 디자인을 통해서 거장의 반열에 올라선
지 오래이다. 런던의 새로운 랜드마크 '거킨'(Gherkin)을 비롯해
전세계 유수 도시들의 랜드마크를 세웠다고 평가받는 노먼 포스터,
중국 동탄섬 하나를 통째로 탄소중립도시로 바꿔놓겠다는 야심찬
계획을 실천에 옮기고 있는 Arup의 피터 해드 등이 바로 그들이다.

낡고 쇠락해 가고 있던 왕년의 대영제국이 구태를 벗어던지고 독창적이고 재기 발랄한 젊은이들을 세계 곳곳에서 끌어모으는 힘은 다름아니라 창조산업에서 나온다. 스타 패션디자이너들을 배출한 세인트 마틴 대학이나 건축학교 중에서 세계 최고를 자부하는 AA School을 가보면 이런 광경을 쉽게 목격할 수 있다. 국적이나 인종을 초월해서 창조적 인재들의 용광로가 되어가고 있는 것이다.

그렇게 영국에서 머무는 동안 나는 영국의 주요한 기관이나 대학, 기업 들을 부지런히 찾아다녔다. 나의 호기심을 채우기 위해서는 그만큼 많은 곳들을 직접 눈으로 확인해야 했다. 남과 똑같은 것은 절대로 따라하지 않겠다는 모토를 학생들 스스로 내걸고 있는 대학교 캠퍼스에서는 '표절은 범죄'라는 포스터를 곳곳에서 찾아볼 수 있었다.

그러다 보니 학생들은 속된 말로 정말 별별 희한한 짓을 다한다. 그들의 시행착오를 나무라는 사람은 아무도 없다. 여기에는 교수들의 역할이 크게 한몫하고 있다. 교수들은 학생들의 성적을 낼 때, 〈모나리자〉를 완벽하게 똑같이 그려내는 학생보다 뒤죽박죽 자기 멋대로라도 세상에 없는 독창적인 것을 만들어내는 학생에게 더 후한 점수를 준다. 이런 분위기에 자극받은 학생들이 어떤 자세로 창작활동을 하게 되는지는 불을 보듯 뻔하다. 끊임없이 새로운 아이디어를 개발하기 위해 심지어 물감 대신에 커피로 그림을 그리는 건축학도를 현장에서 직접 본 적도 있다.

낡은 벽돌색 담장과 작은 정원들, 숨소리조차 들리지 않을 정도로 조용한 런던의 아침, 겉으로 보면 가라앉은 듯 고요한 이 도시 안에서는 이렇듯 혁신적인 삶의 맥박이 뛰고 있었다. 나는 그 안을 속속들이 들여다보고 싶은 욕망에 사로잡혔다. 그리고 또 한 가지 머릿속을 맴돌고 있는 호기심, 그것은 바로 내가 아침마다 만나는 영국 할아버지와 고장 난 자동차였다. 낡은 것과 새로운 것, 전통과 현대, 보수와 혁신이 공존하는 도시 런던에서 하루하루는 그렇게 흘러갔다.

그날 아침도 나는 흰색 페인트가 칠해져 있는 숙소의 작은 현관문을 열고 거리로 나섰다. 비가 내렸는지 거리는 촉촉하게 젖어 있었다. 습기를 뿜어내는 나무들의 향기가 아침공기와 함께 더욱 신선하게 전해졌다. 지하철까지의 거리는 빠른 걸음으로 대략 10분 정도, 오가는 사람도 없고 차도 별로 다니지 않는 이른 아침 뉴몰던의 골목길을 걸으며 나는 오늘 만나야 할 사람들과 방문해야 할 장소들을 하나하나 떠올려본다. 작은 사거리 모퉁이에 자리 잡고 있는 빨간색 벽돌교회가 눈에 보인다. 교회를 정면으로 바라보고 왼쪽으로 돌면 전철 정거장으로 향하는 좀더 큰 길이 나온다. '있을까? 없을까?' 어느새 머릿속에는 오늘 해야 할 일들을 밀어내고 다른 생각 하나가 자리를 잡고 있다.

'설마 오늘도?' 궁금증에 조바심이 나서 잰걸음으로 모퉁이를 쌩하니 돌았다. 저 멀리서 입을 크게 벌린 자동차 보닛이 오늘도 '굿모오닝~' 하고 인사를 해온다. 벌써 9일째다.

'아니 수리센터에 가면 기름때 하나 묻히지 않고 금방 고칠 수 있는 걸 저 할아버지는 왜 저렇게 고생을 하고 있나?'

'돈이 없어서 그런가?'

'오늘은 볼트까지 풀어버렸네. 저러다 부품들이라도 잃어버리면 어쩌려고 저러시나.'

9일 동안 메뉴는 달랐지만, 할아버지가 보여준 행동은 크게 두 가지였다. 자동차 밑에 들어가서 끼긱거리며 뭔가를 만지는 모습이 첫번째, 열어놓은 보닛 안으로 몸을 반쯤 집어넣고 무엇인가를 살펴보는 모습이 두번째다. 하루 이틀이면 모르겠지만 연속해서 같은 시간에 매일같이 벌어지는 할아버지 일과에 점점 호기심이 생겼다. 무엇보다 점잖게 생긴 노인네가 낑낑거리며 자동차를 고치려고 하는 그 의지 자체가 너무나 인상적이었다. 왜냐하면 나는 지금껏 단 한번도 해보지 않은 것들이었기 때문이다.

하지만 뭐, 그 사람이 살아가는 방식이 나의 방식과 다를 수도 있는 것이고, 나 또한 바쁘게 살아왔는데 그깟 자동차 보닛 하나 열어놓고 낑낑거리는 게 대수냐 싶은 마음이 든 것도 사실이다. 그렇지만 어느덧 사람들을 만나 인터뷰를 하다가도 문득 할아버지의 모습이 떠오르곤 했다. 길을 걷다가 영국 할아버지들이 스쳐 지나가면 어김없이 그 자동차 수리를 하던 할아버지가 떠올랐다. 그러다보니 이젠 호기심에 좀이 쑤셔서 도저히 못 참을 지경이 되어버렸다.

'그래 이제 내일이면 어차피 떠나는 거 말이나 걸어보자. 내가 궁금한 건 못 참는 성격이지.'

드디어 영국 체류 일정의 마지막 날, 나는 낯선 할아버지에게 말을 걸어보기로 마음먹었다. 할아버지의 자동차를 향해서 발걸음을 옮겼다.

가까이 가서 보니 할아버지의 자동차는 이제는 거의 찾아보기도 힘든 구닥다리 중의 구닥다리 중고차였다. 짙은 청색과 노란빛을 띤 베이지색 시트가 그나마 절묘한 색감의 조화를 이루고 있었고, 핸들 옆에 붙은 기어는 예상대로 수동식이었다. 손잡이는 얼마나 만졌는지 반짝반짝 광택이 났다. 구닥다리도 그런 구닥다리가 없었다. 세차한 지 꽤 오래되었는지 유리창에는 새똥자국도 남아 있었다.

"저, 실례합니다."

갑자기 동양인 남자가 말을 걸어오는 게 당황스러웠을 법도 할 텐데, 할아버지는 아무렇지도 않은 듯 보닛에서 허리를 세워 인사를 한다.

"할로우~!"

역시 브리티시 잉글리시다. 그래도 "헬로!"보다는 영국 할아버지의 "할로우~"가 왠지 조금은 친근감 있게 들렸다.

우선 나의 신분과 내가 이곳에 머물고 있는 이유들을 소상하게 밝혔다. 할아버지는 흥미롭다는 듯이 "오호!" 하면서 말을 받아주었다. 그러고 나서 내가 가장 궁금한 것, 도대체 뭘 하느라 이렇게 매일같이 자동차를 고치고 계신지 묻기 시작했다.

"트랜스미션이 고장 났다고 합니다. 이걸 제대로 고치려면 부품을 통째로 바꿔야 한다는데, 부품도 쉽게 구할 수 없을 뿐만 아니라 고치느니 차라리 폐차를 시키는 게 낫다고 그럽디다."

고장 난 트랜스미션을 고치는 일이 좀처럼 쉬운 일은 아닐 것이다. 자동차부품에 대해서 잘 모르지만 어려운 부품이름만 들어봐도 쉽게 고칠 수 있는 것은 아니란 생각이 들었다. 할아버지는 말이 끝났고, 나는 뭔가 한마디 던져야 하는 분위기였다. 그런데 뭐라고 말을 해야 좋을지 떠오르지 않았다. 어색한 분위기를 느꼈는지 할아버지가 먼저 말을 건넸다.

"마누라하고 이걸 참 오랫동안 타고 다녔거든. 옆자리에 앉아서 이런저런 얘기도 하면서 여행도 참 많이 다녔지…."

더 질문을 할 필요도 없었다. 할아버지와 자동차, 둘 사이에는 또 한 사람의 기억이 자리 잡고 있었다. 나는 화제를 바꾸고 싶어졌다.

"사실 참 궁금했습니다. 매일 아침마다 같은 시간에 나와서 열심히 뭔가를 하시는 모습이 참 보기 좋았거든요. 제가 내일이면 영국을 떠나는데 할아버지 자동차가 깨끗하게 **수리가 된 모습**을 보고 떠나면 참 행복하겠어요."

솔직히 그냥 할 말이 없어서 내뱉은 게지 별 뜻은 없었다. 겉으로 봐서 내 눈에는 절대로 더 이상 움직일 것 같지 않은 자동차였지만, 그래도 덕담처럼 마지막 한마디는 기분 좋게 마무리 짓고 싶었던 것 같다.

"아 그래, 내일 떠난다고? 그럼 한번 부지런히 고쳐봐야겠군!"

막상 가려웠던 곳을 긁고 나니까 별로 대단한 것도 아니란 생각도 들고, 하여간 그날 하루 동안은 더 이상 할아버지 때문에 제대로 집중을 못하는 상황은 일어나지 않았다. 늦게까지 취재가 이어졌고 일정이 모두 끝난 뒤에는 간단하게 영국식 펍에 가서 일행들과 맥주를 한잔 마시며 런던에서의 마지막 밤을 즐겼다.

히드로 공항까지는 숙소에서 버스를 타고 1시간 정도를 가야 한다. 아침시간이라서 차가 막힐 테니 일찍 서둘러야 한다며, 취재기간 동안 도움을 줬던 사람들이 전화를 연신 해댔다. 커다란 짐가방은 런던에서 취재하면서 받은 갖가지 자료들로 터질 듯했다. 어떻게 모은 자료인데 이것을 버리겠는가? 구겨넣고 밀어넣고 한참 동안을 가방과 씨름했다. 겨우겨우 가방의 지퍼가 잠기자 그제야 안도의 숨이 절로 나왔다.

조금 더 일찍 출발했어야 했는데 늦잠을 잔 게 화근이었다. 털털거리며 굴러가는 여행용 캐리어 바퀴소리가 조용한 뉴몰던 주택가 골목에 울려 퍼졌다. 다른 때 같으면 미안한 마음도 들었겠지만 지금은 그런 걸 따질 겨를이 없다. 비행기를 놓치는 것보다 이 상황에서 더 난감한 문제도 없을 것이기 때문이다.

늘 하던 대로 빨간 벽돌 교회에서 좌회전을 했고, 순간 스쳐 지나가는 자동차들이 그렇게 부러울 수가 없었다. 양쪽 어깨에 가방 하나씩 메고 두 손으로 짐을 끌면서 버스정류장을 향해서 걸어갔다. 그런데 문득 뭔가 허전했다. 매번 지나가던 길, 매번 마주보던 건물들, 그런데 한 가지 다른 게 있었다. 바쁜 마음에도 그게 뭘까, 생각해 보았다.

바로 할아버지의 자동차였다. 늘 같은 시간에 보닛을 열어놓고 나

의 호기심을 자극했던 할아버지의 자동차, 호기심에 못 이겨 어제
아침 처음으로 말을 걸어보았던 할아버지의 모습이 보이지 않았던
것이다.

'어디가 아프신가?'

노인들은 하룻밤이 다르다고 하니 혹시 어제 몸살이라도 난 것이
아닐까 하는 생각이 스쳐갔다. 할아버지는 그렇다고 치고, 할아버
지의 자동차는? 언제나 아침이면 입을 활짝 벌리고 "굿모오닝~" 하
고 인사해 주던 할아버지의 자동차가 보이지 않았다.

'어? 자동차도 없네.'

순간 또 휴대폰이 울렸다. 버스정류장에서 기다리고 있는데 왜 안
오냐는 투정 섞인 목소리가 전화기 너머로 들려온다. 빨리 가겠
노라 말을 하고 전화를 끊었지만 이미 내 시선은 이리저리 움직이
고 있었다. 그렇게 한참을 찾던 중, 차로 옆에 일렬로 쭉 늘어선 자
동차들 사이로 뭔가 낯익은 것이 삐죽하니 보였다. 잰걸음으로 다
가갔다. 최신 모델의 자동차들 틈에 끼어 가지런히 주차되어 있는

할아버지의 자동차.

늘 열려 있던 보닛은 단단하게 닫혀 있고 유리창에 묻어 있던 새똥
도 말끔히 세차가 되었다. 낡았지만 깨끗하게 세차를 하고 왁스로
광을 내서 반짝반짝 빛나는 할아버지의 자동차가 그곳에 있었다!

자동차 앞에서 잠시 멈췄다. 할아버지는 안 계셨지만, 그것은 할아버지가 나를 위해 보내는 '굿바이'였다.

차는 예상대로 엄청 막혔다. 거의 30분 정도를 남겨놓고 히드로 공항에 도착했다. 온몸에 땀이 흠뻑 젖을 정도로 뛰어다니며 출국수속을 마쳤다. 가까스로 탄 비행기 좌석, 숨을 고르며 눈을 감았다. 나는 다시 런던의 작은 골목길로 향하고 있었다. 멀리서 자동차 보닛 속에 몸을 집어넣고 있는 할아버지 모습이 보인다. 직접 보지는 못했지만, 그날 할아버지의 하루는 아마 이랬을 터이다.

'낯선 사람이 말을 걸어온다. 자동차를 왜 매번 같은 시간에 고치고 있냐고 묻는다. 참 별걸 다 묻는구먼. 내가 제일 아끼는 거니까 내 손으로 고치고 싶은 거지, 이 사람아. 그래도 아무도 관심조차 두지 않던 노인네에게 이렇게 친절하게 말을 걸어주니 고맙네. 즐거운 대화였어. 내일 떠난다구? 그렇구먼. 내일 떠나기 전에 다 고친 걸 보고 싶다고. 어이쿠! 이거 무리인데. 그래도 저 친구를 위해서 한번 실력발휘를 해볼까.'

물론 본 적도 없고 들은 적도 없는 내 상상 속의 이야기다. 하지만 난 내 상상이 틀리지 않았을 거라 믿고 싶다. 아마 할아버지는 그

날 하루 종일 다른 어떤 날보다 열심히 땀 흘려 자동차를 수리했을
것이다. 간절히 원하는 것은 이루어진다고, 할아버지는 단조로운
삶 속에서 나와 나눈 짧은 대화에서 힘을 얻었을지도 모른다. 어쨌
든 그날 할아버지는 정말 최선을 다해서 자동차를 고쳤고 세차까
지 말끔하게 했다. 좀처럼 하지 않던 왁스칠까지.

그날 내가 히드로 공항에 늦게 도착한 데는 할아버지의 자동차도
한몫을 했다. 나는 그날 할아버지 자동차 앞에서 한참을 서 있었다.
아무렇지 않게 그냥 갈 수는 없었다.
"자네 말대로 다 고쳤어. 잘 가게, 굿바이!" 할아버지는 그렇게 나에
게 한마디를 남겨놓고 있었다.
나도 한마디 남기고 싶었다. 터질듯 부풀어 오른 가방 지퍼를 다시
열었다. 서둘러서 포스트잇을 찾았다. 늘 메모를 위해서 찾기 쉬운
데 두었는데 그날따라 쉽게 찾아지지 않았다. '누가 보면 아시아에
서 온 옷장사라고 하겠네. 길거리에서 가방을 풀어놓고 뭐하는 거
지? 그래도 꼭 한마디 남기고 가고 싶었다. 노란색 포스트잇을 찾
았다. 볼펜을 꺼냈다. 근데 막상 뭐라고 써야 할지, 또 생각에 잠겼
다. 전화벨은 울리고 있는데 나는 지금 뭐하고 있나.
다음날 아침 할아버지는 다시 자동차 앞으로 다가왔을 것이다. 그
리고 내가 붙여놓은 노란색 포스트잇을 봤을 것이다.

"Perfect!"

적혀 있는 글씨를 보며 할아버지의 기분이 좋아지길 바란다. 어쩌면 할아버지는 오랜만에 자동차에 키를 꽂고 시동을 걸었을지도 모른다. 부르릉~! 낡았지만 여전히 박력 있는 할아버지의 자동차가 서서히 움직이기 시작한다. 정말 오랜만에 할아버지는 즐거운 여행길에 올랐을 것이다.

히드로 공항에 도착하던 날, 나는 마중 나오기로 했던 사람들이 지각을 하는 바람에 공항에서 한참을 기다려야 했다. 짐을 실은 카트를 끌고 이리저리 돌아다니다, 공항서점에서 책을 한 권 샀다. 낯익은 것들로부터 벗어나려는 노력이 없이는 결코 성공할 수 없다는 저자의 말이 인상 깊이 느껴져 산 책이었다. 그 책에는 이런 말이 있다.

나는 가끔 낯선 사람에게 말을 거는 일을 즐긴다. 심지어 길에서 우연히 만난 여성에게 다가가 전화번호를 달라고 말할 때도 있다. 그런 일들은 생각만큼 쉬운 일이 아니다. 그녀의 전화번호가 맞는지 틀리는지도 중요하지 않다. 어차피 내가 이걸 하는 이유는 익숙해져 있는 내 모든 것들

로부터 벗어나는 것이 목적이기 때문이다. 그래서 때로는
낯선 사람과의 한마디가 많은 행운을 가져다주기도 한다.

늘 어느 곳에서나 **할아버지의 낡은 자동차**를 상상하는
것은 내게는 매우 즐거운 일이다.

지식knowledge이냐

이해understanding냐

우리를 둘러싼 미디어 환경이 정말 숨가쁘게 변하고 있다. 변화를 따라잡지 못할 정도로 그 속도가 빠르다. 미디어 세계에 종사하고 있는 사람들조차 변화에 질식당할 만큼 정보와 지식은 넘쳐나고 있다. 이렇게 누구나 손쉽게 정보에 대한 접근이 가능해진 시대 속에서는 결국 정보를 손아귀에 쥐는 일은 별의미가 없다. 신문이나 텔레비전 같은 전통적인 미디어 산업이 고전을 면치 못하는 이유도 여기에 있다. 이제 더 이상 정보의 독점이 무의미진 세상에 우리는 살고 있다.

몇 년 전, 지구상에서 가장 폐쇄된 국가인 북한 사회를 다룬 다큐멘터리 영화를 제작한 한 영국 다큐멘터리스트가 제작발표회를 위한 기자회견을 열었다. 많은 기자들은 정보가 통제된 북한 사회를 겉으로 며칠 돌아본 것을 가지고 어떻게 그 사회를 제대로 알 수 있는가라며 그에게 질문을 던졌다. 그때 그가 한 대답이 인상적이다.

"정보가 통제된 낯선 사회를 접근하는 데 있어, 때로는 지식보다 이해가 더 큰 힘을 발휘할 때가 있습니다. 그게 다큐멘터리의 매력이죠."

그가 얼마나 북한 사회 내부를 본질적으로 접근했는지 확인할 수 없지만, 적어도 '지식'과 '이해'의 차이를 언급한 부분만큼은 그가 틀리지 않았다고 생각한다.

늘 새로운 소재, 특색 있는 이야기를 풀어내야 하는 다큐멘터리 프로듀서들에게 중요한 것은 지식의 양이 아니다. 그보다 중요한 것은 '이해'의 폭과 깊이다. 그것을 때로는 '공감'이라고 말하기도 한다. 그렇게 해서 얼마만큼 본질에 대해 접근을 잘할 수 있는가가 관건이다. 때로는 논리보다는, 접근하려는 대상에 대한 애정이 더 큰 역할을 하기도 한다. 만약 지식의 양적 수준만으로 다큐멘터리 제작이 가능하다면, 전문지식을 갖춘 교수나 연구원들이 다큐멘터리를 만드는 게 더 수월할 것이다.

이 이야기를 조금만 더 확장시켜 보면, 지식과 이해를 둘러싸고 많은 일들이 벌어지고 있음을 확인할 수 있다. 예전에는 '지식'의 일방적인 승리였다면, 지금은 상황이 정반대로 흘러가고 있다. 기업 경영이나 문화, 서비스산업, 예술과 스포츠 영역에서도 상황은 마찬가지다. '지식'보다 '이해'의 덕을 톡톡히 본 사례 한 가지를 더 소개하고자 한다. 그 주인공은 2002년 월드컵의 신화를 만든 바로 히딩크 감독이다.

지난 2001년 1월 월드컵에 관한 관심과 열기가 아직 무르익지 않았던 시기, 나는 새로 선임된 히딩크 국가대표 축구팀 감독에 관한 취재를 위해서 몇 달 동안 그를 밀착 취재한 적이 있었다. 그가 처음 울산에 모습을 드러낸 순간부터 '오대영'이라는 별명까지 달고 다닐 정도로 순탄하지 않은 과정들을 옆에서 지켜볼 수 있었던 것은 지금 돌이켜 보면 나에게도 아주 특별하고 소중한 경험들이었다.

나는 그때 히딩크 감독이 대표팀 선수들과 처음 미팅을 갖고 본격적인 전지훈련을 시작한 첫날을 아직도 생생히 기억한다. 왜냐하면 그날 히딩크 감독이 보인 행동은 기존의 시각으로 보면 참으로 이상하기 짝이 없는 행동들이었기 때문이다. 그는 선수들과 처음 만나면서 대한민국 대표팀 선수들이 안고 있는 가장 핵심적인 한계가 무엇인지 잘 알고 있었다. 그리고 이 한계를 풀어나가기 위해서 무엇이 필요한지, 문제를 해결해 나가는 과정에서 수많은 경기

결과 데이터들보다 자신이 갖고 있는 **대표팀에 대한 이해**에 더 무게를 뒀다.

그중에서도 박지성 선수와 얽힌 숨겨진 에피소드가 하나 있다. 이 이야기는 '이해'와 '지식'이 어떻게 다른 결과로 나타나는지 그 차이점을 잘 보여준다. 당시 히딩크 감독의 선택은 지식보다는 이해에 초점이 맞춰져 있었다. 사실 그때까지만 해도 박지성 선수는 대표팀에 갓 발탁된 여드름투성이 애송이 선수였다. 그를 주목하며 눈여겨볼 이유를 가지고 있던 기자는 아무도 없었으며, 박지성 역시 그들에게 뭔가 확실한 것을 보여준 것도 없었다. 게다가 그는 한국 축구계에서 양대 산맥이라 불리는 연·고대 출신도 아니었다.

연습 첫날의 이야기다. 여느 때처럼 선수들은 가벼운 몸풀기로 시작해서 강도 높은 체력훈련 그리고 두 팀으로 나뉘어 경기를 하는 것으로 훈련을 진행했다. 여기까지 보면 뭐 특별히 다른 대목도 없었다. 월드컵을 얼마 남겨두지 않은 상황에서 부임한 새로운 감독에 대한 기대와 우려로 울산 훈련캠프에는 늘 수많은 기자들이 몰려 있었다. 쉽게 말해서 그런 기자들에게, 부임한 지 얼마 안 되는 히딩크의 모습은 뭐 특별한 이슈거리 없이 그럭저럭 시간을 보내는 한가로운 모습으로 비춰졌다. 하지만 정말 중요한 변화는 훈련을 마친 다음 순간부터 서서히 일어나고 있었다.

훈련기간 첫날부터 시작해서 홍콩 전지훈련이 끝나가는 시점까지 계속된 히딩크와 박지성의 이상한 행동은 나의 궁금증을 온통 사로잡았다. 연습이 끝난 뒤 두 사람과 또 한 명의 나이 어린 선수와 함께 텅 빈 축구장에서 벌였던 그들만의 시합(?), 이름을 붙이기도 어색한 그 시합은 다름아니라 '골대 맞히기 게임'이었다. 하루 종일 공과 씨름을 한 선수들은 해가 뉘엿뉘엿 넘어갈 때쯤 되면 모두가 파김치가 된다. 겨울철이라 해가 일찍 떨어지는 것이 그나마 다행이라면 다행이었다. 그렇게 모든 선수들이 하루 일과를 마치고 숙소로 돌아가고 있는데, 운동장 한쪽 골대 앞에서 다시 '뻥뻥' 공차는 소리가 들렸다. 멀리서 보니 번갈아 가면서 골문 안으로 공을 차넣고 있는 중이었다.

그런데 희한하게도 단 한번도 공이 골문 안으로 들어가지 않는 게 아닌가. 명색이 대한민국을 대표하는 국가대표로 선발된 선수들이 골키퍼도 없는 골문 안으로 공을 차넣지 못하고 있다는 게 말이나 되는 일인가! 골문 안으로 공을 넣지 못하고 있는 것은 현역시절 유럽리그에서 선수로 뛰었다던 히딩크 감독도 마찬가지였다. 가끔씩 골문 위쪽 가로막대를 맞고 '텅' 하고 튕겨져 나오는 공소리만 운동장을 울리고 있을 뿐이었다.

멀리서 이들의 모습을 지켜보고 있던 일간지 스포츠기자들 사이에서는 자조 섞인 목소리도 서슴지 않고 나왔다. "저러니 한국팀은 골문 앞에서 골 결정력이 없다는 소리를 듣지." 웅성거리며 "외국 감독이 고참 선수들과 같이 어울리지 못하니까 애송이 선수하고 놀고 있군" 하는 표정들을 숨기지 않았다. 그렇게 잠시 서 있다가 서둘러 하나둘 훈련장을 빠져나갔다. 모두들 스포츠계에서 잔뼈가 굵은 기자들이었다.

그런데 축구에 대한 지식이 부족한 나는 사정이 달랐다. 기자들끼리는 서로 안면식도 있고 정보도 주고니 받거니 하는 눈치였지만, 나는 스포츠와는 별 인연이 없었다. 물론 나도 축구경기를 관전하는 것은 좋아한다. 하지만 그때 나는 그저 관람객으로서 구경만 하고 있을 처지가 아니었다. 하루 종일 경기장에서 선수들의 연습을 지켜봐도 새로운 전술훈련이나 포지션 이동 같은 얘기들은 그게 그거 같고, 늘 허전함만 앞섰다. 그러다 보니 자연히 연습이 끝난 뒤 벌어지는 감독과 선수의 묘한 행동에 호기심이 생겼다. 축구의 전술이나 경기분석은 잘 몰라도, 새로 부임한 감독과 선수들 사이에서 형성되고 있는 **변화의 기운**은 누구보다 잘 느끼고 있었기 때문이다.

한 10여 분이 지났을까? 마침내 운동장에서 볼을 차던 세 사람이 공을 집어들고 경기장 밖으로 걸어오는 모습이 보였다. 본능적으로 후닥닥 자리에서 일어나 그들에게로 달려갔다. 그리고 그날 난 난생 처음 박지성 선수에게 말을 걸어 보았다.

"아니, 거기서 감독님하고 뭐하고 있었던 거예요?"

박지성 선수(사실 그때 난 이 어린 선수의 이름조차 몰랐다)가 대답했다.

"네? 아~ 감독님하고 돈내기 했어요. 골대 맞히기 내기요. 골대 위쪽을 한번 맞힐 때마다 1만 원씩."

땀에 흠뻑 젖어 뛰어가는 박지성 선수 뒤로 아랫배가 불룩 튀어나온 히딩크 감독이 뒤뚱뒤뚱 쫓아갔다. 두 사람의 뒷모습을 물끄러미 보면서 참 허탈한 생각밖에 안 들었다. 그런데 버스를 타고 숙소로 돌아오면서 나는 그들의 행동을 다른 각도에서 바라보고 싶어졌다. 히딩크 감독은 왜 이런 돌출적인 행동을 한 것일까? 사실 여기에는 여우같이 약고 곰처럼 우직한 그의 **노련함**이 스며 있었다.

잠시 시간을 되돌려서 히딩크 이전으로 가보자. 운동장에서 뛰는 선수들의 화려함과 다르게 훈련장에서 대표팀 선수들 사이에는 위아래가 분명한 선이 그어져 있었다. 고참에서부터 맨 아래 막내에 이르기까지의 수직적인 위계질서, 눈으로 보이지 않는 강압적인 분위기가 대표팀 숙소를 장악하고 있었다. 그러다 보니 막내들은 좀처럼 기를 펴지 못한다. 선수선발에서도 치열한 실력경쟁보다는 기존의 권위주의적인 위계질서가 오히려 더 크게 작용했다. 어쩌다가 대표팀에 뽑힌다 해도 새로운 얼굴은 대기명단에 드는 정도로 만족해야 하는 경우가 허다했다. 그라운드를 밟아본다는 것은 언감생심이다. 명성을 얻은 스타들이 중심이 될 수밖에 없는 대표팀. 그들의 자질이 문제가 아니라 치열한 경쟁 없이 늘 거기서 거기인 대표팀 분위기가 문제였다는 의미다.

그리고 한 가지 더 있다면 월드컵이라는 커다란 국제경기를 앞두고 우리의 스타플레이어들이 이른바 안방스타라는 점이었다. 월드컵이라는 국제무대와 비교해 보자면 한참 뒤쳐질 수밖에 없는 실력임에도 불구하고 국내 언론들은 그들에게서 우리 대표팀의 모든 운명이 결정된다고 굳게 믿었다. 신문들 역시 이 같은 분위기를 반영하듯 유명 스타플레이어들에 관한 기사 일색이었다. 신문판매부수가 광고에 직결되다 보니 아무래도 유명한 선수들을 중심으로 기사가 편중되는 것은 어쩔 수 없는 현상이라 할 수 있을 것이다. 문제는 대표팀의 이런 고질적인 병폐를 드러내놓고 제기하는 사람이 그리 많지 않았다는 점이다. 언론과 협회, 선수들 내부에 드리워진 거대한 장막 속에서 모두들 그냥 안주하고 있었을 뿐이다.

내가 아는 한 히딩크는 무엇보다 이것부터 바꿀 필요가 있다고 믿었다. 세계적인 축구팀들과 맞서서 당당히 승리를 쟁취하기 위해서는 우선 선수들을 새로운 분위기 속으로 이끌고 가야 한다고 생각했다. 그리고 그 핵심이 바로 경쟁시스템의 도입이었다. 경쟁이 사라진 대표팀에선 희망도 없을 것이 뻔하기 때문이었다. 결국 그는 그 유명한 선후배간의 존칭사용 금지 같은 파격적인 명령까지 발동한다.

박지성 선수와 히딩크 감독의 골대 맞히기 시합은 이런 배경에서 나왔다. 하고많은 선수들 중에서 가장 나이가 어린 두 선수를 불러 세운 것도 바로 그런 이유였다. 왜냐하면 그렇게 감독과 마지막까지 훈련장에 있다 보면 자연히 번번이 막내들의 몫이었던 허드렛일에 고참이나 막내의 구분이 없어져 버리기 때문이다. 늘 걸레만 챙겨야 하던 막내에서 가슴에 태극마크를 단 진정한 대표선수로 뛸 수 있다는 희망, 그것은 곧 무명들의 위대한 도전으로 이어졌다.

이런 대표팀의 생동감 넘치는 경쟁심리가 치열하게 발동되지 않았다면 월드컵 4강이란 신화가 창조될 수 없었을 것이라고 확신한다. 히딩크 감독이 빠른 시간에 선수들과 호흡을 함께하게 된 것은 한국대표팀의 문제점이 무엇인지 정확하게 이해한 결과였다. 말 그대로 이것은 지식만으로는 불가능했던 일이다. 그에게 지식이나 데이터는 텍스트와 숫자일 뿐이었다. 하지만 이해란 사람과 사람 사이에서 시작된다는 것을 그는 누구보다 잘 알고 있었던 것이다.

아버지의 이름으로

자신이 정말 좋아하는 사람을 위해서는 무엇이든 할 수 있는 것이
인간이다. 자신이 정말 궁금해하는 사람을 이해하고 알기 위해서
는 어디든 쫓아갈 수 있는 것 또한 사람이다. 사람은 사람을 가장
좋아하기에 사람에 대해서 느끼는 감정만큼 강렬한 것도 없을 것
이다. 사람을 좋아하다 보니 그 사람이 좋아하는 것에 관심을 기울
이고, 따라 배우려고 애를 쓰다 보니 그 분야의 전문가로 성장한다.
이것이 사람이 사람을 통해 배우는 인생의 묘미다. 물론 때로는 그
강렬한 느낌 때문에 고통스러울 때도 많지만, 그래도 사람의 행동
을 움직이는 힘은 역시 **사람에게서** 나올 때가 참으로 많다.

루이 칸(Louis Kahn)도 나에게는 그런 존재였다. 2006년 "길
(Road)은 무엇인가?"라는 다소 엉뚱하면서도 추상적인 주제를 가

지고 다큐멘터리를 제작한 적이 있다. 매일같이 집을 나와 회사나 학교 또는 친구를 만나기 위한 약속장소로 향하면서, 우리는 당연히 길을 걷는다. 때로는 길의 의미가 단순한 물리적인 공간의 개념을 넘어서 철학적인 의미를 담을 때도 있다. 이때의 길은 단지 길이라 부르지 않고 '도'(道)라는 말로 달리 표현되기도 한다.

길에 관한 다큐멘터리를 만들면서 나는 처음으로 우리가 다니는 '길'에도 여러 가지 종류가 있다는 것을 알게 되었다. 길(road)과 거리(street), 그리고 루트(route)가 바로 그것이다.

모든 것이 현대화되고 빠르게 변해 가는 오늘날 제일 많이 접하는 것은 '거리'다. 도시가 만들어지고 건물과 건물들 사이의 공간에서 '길'을 잃어버리지 않기 위해 사람들은 '거리'를 만들었다. 거리는 그만큼 현대적인 뉘앙스를 지닌 계획적이고 도시적인 개념이다. 따라서 거리 안에서는 사람보다 자동차, 상가와 같은 물질적인 존재와 기능들이 중심에 자리를 잡는다.

또 하나의 색다른 '길'이 바로 루트다. 루트에는 평탄함이나 안전성 같은 분위기는 찾아보기 어렵다. 길이 아닌 곳에서 인간의 힘으로 스스로 길을 만들어가는 것을 루트라 말한다. 같은 목적지를 향해서 나아가더라도 가는 과정이 다르고 때로는 루트를 만들어가는 과정 자체에서 즐거움을 느낄 때도 많다. 따라서 루트는 조금은 위험하면서도 모험적이고 창조적인 의미를 지닌다.

이렇게 거리나 루트라는 개념과 달리 '길'은 본질적으로 인간에게 매우 가까운 개념이다. 제주 올레길이나 북한산 둘레길과 같은 길들이 인기를 끌고 있는 것도 어쩌면 사람들이 자신의 잃어버린 무언가를 다시 찾고자 하는 욕망에서 시작된 것은 아닐까. 작은 실개천을 따라 걸어가는 시골길이나 어린 시절 동네 친구들과 공놀이를 하던 골목길, 녹색으로 우거진 아름드리나무와 덤불의 숲을 헤치며 걷는 오솔길은 생각만 해도 우리의 마음을 편안한 고향의 길로 이끌어주는 말들이다.

그런 '길'에 관한 다큐멘터리를 시작하면서 나는 한 건축가를 만났다. 그는 종로구 통인동에서 터를 잡고 한옥의 가치를 현대적으로 재해석하려고 노력하는 사람이었다. 그와 인터뷰를 하는 동안은 시간이 어떻게 가는 줄 모를 정도로 재밌게 흘러갔다. 인터뷰를 하면서 나는 '루이 칸'이란 건축가의 이름을 처음 들었다.

미국에서 건축가들이 뽑은 가장 위대한 건축가의 리스트에서 언제나 당당히 1위를 차지하는 사람, 다른 어떤 건축가도 흉내 낼 수 없는 숭고함과 건축에 대한 존경심으로 가득 찬 사람. 루이 칸은 옛 소련의 에스토니아에서 유대인으로 태어나 아버지를 따라 미국으

로 이민을 갔다. 어릴 적 화롯불에서 석탄이 활활 타오르는 것이
너무 궁금해서 가까이 다가갔다가 그만 얼굴에 화상을 입고 평생
토록 화상흉터의 얼굴 때문에 콤플렉스를 갖고 있었다는 독특한
성격의 소유자, 대학시절 그림을 그려야만 생활비를 벌어 학비를
댈 수 있을 만큼 가난했던 건축가, 그러면서도 훗날 수많은 건축물
을 설계해서 큰돈을 벌 수 있었음에도 불구하고 세속적인 부와 명
예를 뒤로한 채 오직 진실과 양심에 귀를 기울이며 숭고한 예
술가의 길을 걸어갔던 사람.

사실 여기까지만 들었으면 그저 보통의 위인전에서 느꼈던 감흥
이상은 얻지 못했을 것이다. 정말 거기까지였다면 아마 루이 칸이
란 사람의 마지막 숨을 거두기 직전의 행적을 좇아 방글라데시 다
카에서 미국 뉴욕까지 그 먼 길을 헤매고 다니지는 않았을 것이다.
나에게는 그의 행적을 좇을 만큼 궁금한 이유가 있었다.
나는 이 루이 칸이란 사람을 이해하고 싶어서 방글라데시로 향하
는 비행기표를 끊었다. 그리고 마지막 죽기 직전 그의 행적을 좇아
서 다시 뉴욕 펜 스테이션으로 날아갔다. 심지어 그가 숨을 거두었
다는 기차역의 화장실까지 내 눈으로 직접 보고 싶은 열망에 사로
잡히기까지 했다. 남들의 눈에는 이상한 짓처럼 보일지 모르지만
거기에는 나만의 그럴 만한 사정이 있었다. 루이 칸과 그의 아들에

관한 이야기는 내 아버지와 나를 너무나 닮아 있었기 때문이다.

1974년 뉴욕의 펜실베이니아 기차역. 낡은 코트를 입은 한 노인이 화장실에서 심장마비를 일으켰다. 유난히 작은 키와 화상으로 얽은 얼굴 그리고 주소가 지워진 여권. 무연고자(無緣故者)로 분류된 이 작고 초라한 노인의 시신은 며칠 동안 시체안치소에 방치되어 있었다.

건축가 루이 칸(Louis Kahn)은 그렇게 세상을 떠났다. 그의 나이 74세였다. 신문의 부고에는 그에게 부인과 딸 하나가 있다고 씌어 있었다. 하지만 그에게는 2명의 또 다른 여자 그리고 그들로부터 낳은 딸과 아들이 더 있었다. 그는 세 가족을 거느리고 살았던 셈이다. 그 아들인 나다니엘 칸은 당시 11세였다. 그는 아버지의 장례식장에서 처음으로 자기의 배다른 누이들 그리고 그 어머니들을 보았다.

- 어느 건축가의 노트 중에서

뉴욕 시민들이 하루에도 가장 많이 분주하게 드나드는 곳, 60만 명이나 되는 유동인구가 이른 아침부터 밤늦게까지 숨 가쁘게 이동하는 공간이 있다. 타임스퀘어나 센트럴 파크 같은 관광지 얘기가 아니다. 바로 가정과 일터를 오가는 뉴요커들의 생활의 중심, 펜실베이니아 기차역이다. 뉴욕 시민들에게는 펜실베이니아 기차역이라는 긴 이름보다 펜 스테이션(Penn Station)이라는 애칭이 더 익숙하다.

어둡고 침침한 형광등 불빛, 색 바랜 타일조각들, 기차가 들어올 때면 발을 딛고 서 있는 바닥이 덜컹덜컹 울렁거릴 정도로 조금은 낡은 기차역이다. 사실 그곳에는 관광객들의 시선을 끌 만한 매력적인 것이라고는 좀처럼 찾아볼 수 없다. 하지만 나는 내 발로 펜 스테이션의 계단을 밟아보고 싶었다. 음습하고 탁한 실내공기를 마시며 갑자기 심장마비로 호흡조차 가눌 수 없었던 한 노인의 삶과 만나보고 싶었다.

루이 칸과 아들 나다니엘 칸. 두 사람의 삶을 이해할 수 있는 다큐멘터리 한 편이 있다. 아들 나다니엘 칸이 직접 만든 〈My Architect〉라는 작품이다. 이 다큐멘터리 영화는 감독인 나다니엘 칸이 자기 아버지이자 건축가였던 루이 칸의 삶과 창작의 여정을 찾아가는 스토리를 담고 있다.

아버지가 살아온 행적을 좇는다? 세상에는 닮고 싶은 사람이 있다. 그런 이들을 자신의 영웅이라 말하고 때로는 창작의 원천이 된다. 그런데 나에게 두 사람은 닮고 싶은 영웅이나 창작의 원천보다 훨씬 본능적인 것을 담고 있다. 그것은 바로 닮고 싶은 '아버지와 아들의 관계'이기 때문이다. 그래서 나에게는 각별하게 다가 왔겠지만.

건축계에서는 누구나 그 이름만으로도 고개를 숙이고 침묵하는 존재, 루이 칸.

하지만 아버지의 장례식장에 가서야 난생 처음으로 배다른 형제들과 아버지의 또 다른 여자들(형식적으로는 또 다른 어머니들)이 있었다는 사실을 알게 된 아들의 심정은 어떠했을까?

아버지를 결코 이해할 수 없었던 아들은 그렇게 인생의 길에서 한참 동안을 방황했다. 언젠가는 자신의 품으로 돌아올 것이라는 희망 하나로 여권도 없애버리고 평생 외롭게 아버지를 기다렸던 어머니는 늘 아들의 가슴에 남아 있는 응어리였다. 그런 아들은 우연히 다큐멘터리 제작자의 길로 들어선다. 그리고 카메라를 들고 아버지를 찾아 나선다. 이미 이 세상에 존재하지 않는 아버지였지만 그가 세상에 남겨놓은 건축물들이 아버지와의 시간여행을 안내한다.

하나둘 아버지의 영혼이 담긴 건축물들과 만나면서 아들은 조금씩 아버지를 이해하기 시작한다. 어차피 여행의 시작은 원망스러웠던 아버지를 만나기 위해서 나선 길이었다. 목적지를 향한 아들의 발걸음은, 그래서 결코 가볍지만은 않다.

세상사람들은 숭고한 건축물이라 칭송하며 떠받드는 아버지의 성전들 앞에서 아들은 감히 롤러 블레이드를 탄다. 그것은 세상에 없는 아버지에 대한 원망이자 어린아이 때 투정 한번 제대로 부려보지 못했던 아들의 너무나 솔직한 고백이다. 그래서 그 장면이 눈물나도록 아름답고 슬프다. 나도 그런 멋진 기억을 하나쯤은 간직하고 싶었는데.

사실 내가 하고 있는 일과 전혀 관련이 없는 분야들 중에서 가장 매력적으로 느껴지는 것이 바로 건축이다. 그것은 이유를 알 수 없는 본능적인 애정 같은 것이다.

어린 시절 나는 항상 건축자재더미와 함께 살았다. 마당 건너 작은 창고에는 삽이며 곡괭이며 시멘트, 합판 들이 늘 쌓여 있었고 드라이버나 몽키 스패너를 장난감처럼 가지고 놀면서 어린 시절을 보냈다. 그리고 그렇게 톱밥과 흙더미들 속에서 나의 어린 시절 기억들이 대부분 만들어졌다.

나의 아버지도 일종의 건축에 종사한 분이셨기 때문이다. 뭐 대학의 정규 건축학과를 졸업해서 전문적인 건축가의 길을 걸어간 분은 아니었지만. 그래서 그냥 보통 '집짓는 사람'이라고 부르는 편이

나을 것 같다. 그래도 한창 잘나가가던 시절인 1980년대에는 지금 종로4가에 있는 대형 상가를 짓기도 하셨다.

몇 차례의 부도와 실패를 거듭하면서 '집짓는 사람'이셨던 나의 아버지는 결국 재기하지 못했다. 그리고 자신의 인생에서 실패한 아버지는 가족으로부터도 멀어져 갔다. 아주 멀리.

아버지에게는 어느 날 새로운 어머니가 생겼고 한번도 보지 못했던 배다른 동생도 태어났다는 이야기를 들었다. 하지만 그것이 전부였다. 아버지의 존재는 우리와 너무 멀리 떨어져 있었다.

그런 아버지가 있기에 나에게 아들의 존경을 받는 아버지란 늘 복잡한 감정으로 다가오곤 했다. 그걸 한마디로 부러움이라고 해두자. 다시 다큐멘터리 영화로 돌아가자.

이 영화에서 **시대를 풍미한 건축가** 루이 칸에 관해 아들은 중립적이고 객관적인 시선을 잃지 않으려 애쓴다. '아버지'라는 어휘를 쓰기보다 그의 이름을 부르는 아들, 남들의 환호성에 귀를 닫고 일부러 냉정하게 바라보려는 시선까지 모든 게 조금은 특이하게 보일 수도 있다. 하지만 아버지의 품속에서 잠들어 보지 못한 아들끼리는 통하는 게 있는 법이다. 나의 눈에는 그래서 그의 냉정함이 더 애처롭게만 느껴졌다.

웅장한 디자인과 건축의 자연주의적인 가치를 누구보다 드높였다고 평가받는 건축가 루이 칸, 하지만 솔직히 따져보면 그것은 그가 죽고 난 뒤의 평가다. 죽은 자에 대한 평가는 항상 후하지 않은가? 1974년 펜실베이니아 기차역에서 심장마비로 숨을 거뒀을 때 그의 마지막을 알아본 사람은 없었다. 그만큼 외롭고 처절한 죽음이었다. 너덜너덜 헤진 옷과 낡은 여권, 오죽했으면 갈 곳 없는 주검들이 향하는 공중 시체안치소에서 그의 시신은 사흘이나 머물렀다고 한다.

자신의 외모에 심한 콤플렉스를 가졌고 유대인에 대한 멸시에도 견디기 힘겨워했다. 하지만 그의 말년은 눈부시게 찬란했다. 지금까지 전세계 건축가들에게 경외감을 안겨주고 있는 그의 작품들은 모두 죽기 얼마 전에 만들어졌다. 그가 뉴욕 펜 스테이션에서 갑작스런 심장마비로 쓰러지기 직전 여행을 하고 돌아온 곳은 바로 방글라데시 다카였다. 루이 칸의 일생일대 **최대의 역작 중 하나가 만들어지던 곳.**

영화는 비틀어져 있던 아버지와 아들이란 관계 속에서 끊임없이 정상궤도를 찾아 나선다. 평생토록 외롭게, 다른 여자의 남자였던 아버지만을 기다리며 살아왔던 어머니 그리고 서로 얼굴도 모른 채 살아왔던 배다른 누이들과도 그렇게 감독은 하나하나 화해를 시도한다.

그 시점부터 카메라의 시선은 미국을 벗어나 다른 나라로 향한다.

인도, 이스라엘, 마지막 종착지인 방글라데시까지. 그의 작품들 가운데 최고라고 평가받는 작품들은 거의 그가 죽기 얼마 전 바로 이 낯선 땅에서 만들어졌다.

이제 영화는 아버지가 노년의 마지막 몸을 이끌고 헌신의 힘을 쏟은 한 곳으로 향한다. 방글라데시 국회의사당이다. 나의 시선을 고정시켰던 한 장의 사진이 담고 있는 곳이기도 하다. 차라리 사진 속의 소년이 나였으면 하는 마음까지 들었던 바로 그곳.

그곳에서, 감독은 오래전 아버지와 함께 **방글라데시 국회의사당** 공사에 참여했던 한 현지 건축가를 만난다.

"갖고 있는 것이라고는 가난과 흙더미밖에 없었던 우리들이 그를 찾아갔을 때, 그는 흔쾌히 설계를 맡아주었어. 그리고 우리는 거의 맨주먹으로 이 의사당 건물을 만들었지. 이 건물은 우리에게는 민주주의에 대한 희망이야. 그래서 이 건물이 우리에게는 너무나 소중한 거야. 그게 너의 아버지야. 너희들에게는 소홀했을지 모르지만 우리에겐 은인이야. 넌 아버지를 이해해야 해"

눈물을 글썽이며 옛날을 회상하던 그 건축가의 입을 통해서 아들은 비로소 위대한 건축가인 자신의 아버지와 만난다. 그리고 그 순간 아버지의 품이 그토록 그리웠던 아들은 아버지가 왜 늘 바쁜 사람이었는지, 왜 늘 기다려도 오지 않는 나쁜(?) 아버지였는지를 이해하게 된다.

물과 가난의 나라 방글라데시 그리고 루이 칸의 영혼이 담긴 방글라데시 국회의사당 건물. 아버지의 행적을 찾아 멀고 먼 길을 돌아온 아들은 마침내 이곳에서 오래된 여행의 마침표를 찍는다.

나는 이 다큐멘터리를 보고 나서야 비로소 내가 왜 건축에 대해서 그동안 아무 이유도 없이 본능적인 매력을 느껴왔는지 알 수 있었다. 건축에 대해 아무것도 모르는 내가 왜 건축이라는 말에 그토록

민감하게 반응을 했는지 이해하게 되었다. 그것은 멀리서나마 아버지의 모습을 지켜봤던 한 아들로서 어쩌면 당연한 일이었을 것이다.

어느 누구에게나 아버지에 관한 이야기를 한다는 것은 조금은 낯설고 어려운 일이다. 자랑할 만한 것이 많은 아버지를 가진 사람이라면 이야기하는 게 뭐 어렵겠는가마는 정반대의 경우에는 사실 적지 않은 용기도 필요로 한다. 철이 들기 전까지는 아버지의 존재는 그저 당연한 것으로밖에는 다가오지 않는다. 인생이란 게 늘 그렇지만 그 아버지의 존재가 사라져 버린 순간부터 아들은 진짜 아버지와 만나고 싶어진다. 공교롭게도 나의 아버지도 루이 칸처럼 74세를 일기로 세상을 떠나셨다. 그리고 나도 그의 죽음을 몇 달 뒤에야 알 수 있었다.

과연 난 언제쯤이면 '집짓는 사람'이었던 나의 아버지를 이해하게 될까? 아들로서 부족했던 그에게 이런 자리를 잠깐 빌려 말을 건네고 싶다. "보고 싶습니다. 아버지…."

"한국에서 오셨어예?"

프랑스 동쪽 끝, 알프스를 사이에 두고 스위스와 국경을 마주하고 있는 곳에 샹베리(Chambery)라는 작은 도시가 있다. 인구도 몇만 명 되지 않는 작고 아담한 프랑스의 지방도시 하나가 15년 동안 마치 고향처럼 느껴지고 있는 이유는 오직 한 가지, 바로 아이노아라는 예쁜 이름을 가진 스페인 친구에 대한 기억 때문이다.
내가 이 도시에 무거운 여행가방을 질질 끌다시피 하면서 찾아간 것은 1996년 여름이다.

그때만 해도 나에게는 영화감독이 되겠다는 꿈이 있었다. 아끼고 아껴서 어렵사리 모아놓은 적금통장을 깨어 프랑스 유학길에 올랐다. 할리우드 영화가 주는 재미와 오락성에 비할 바는 아니지만, 그래도 그때는 생활 속에서 자연스럽게 꿈틀거리는 프랑스 영화의 진지함에 매료되었던 것 같다.

당시만 해도 영화잡지들의 파워가 막강했던 시절, 프랑스의 『카이에 드 시네마』(*Cahier de Cinéma*)와 영국의 『사이트 앤 사운드』(*Sight and Sound*) 같은 영화 전문잡지는 영화에 관심깨나 있다는 사람들 사이에서는 필독서 중 하나였다. 나 역시 밤을 새워가며 뜻도 모르는 단어들을 사전 찾아가면서 몇 줄 해석하고는 다음날 친구들을 만나 우쭐해하면서 잘난 척하던 시절이었다. 그때는 그런 문화가 있었다. 일종의 낭만일 수도 있고 또 어떤 면으로 보자면 뭔가 진지함이 미덕이 되던 시절이었던 것 같다.

첫 도착지인 파리에서 며칠 동안 후배들의 집을 전전하며 프랑스 생활의 탐색전에 들어갔다. 그때는 무엇보다 돈을 아끼는 것이 나에게는 최선이었다. 든든한 집안의 경제력에 도움을 받을 수 있다면야 뭐 걱정할 게 있겠냐마는, 나는 스스로 유학자금을 마련해 온 터라 더 이상의 금전적 지원은 불가능한 상태. 결국 하루라도 빨리 프랑스어를 배우는 것만이 한정된 유학자금을 가지고 프랑스에서 내가 원하는 목표를 달성할 수 있는 길임을 누구보다도 잘 알고 있었다.

그래서 파리에 여장을 푼 이튿날부터 프랑스 지도를 펴놓고 어느 곳으로 가면 좋을지 고민하기 시작했다. 오각형 모양의 프랑

스 지도를 펼치자 제일 먼저 눈에 들어온 곳은 역시 파리와 일드프
랑스 지역, 하지만 그곳은 일단 제쳐두기로 했다. 파리의 경우 집
값이나 랭귀지 스쿨의 수강료가 비싼 것도 이유였지만, 그보다는
생각보다 많은 한국인들이 유학이나 여행을 목적으로 파리에 머
물고 있었다. 그러다 보니 자연히 모국어를 자주 듣거나 말하는 기
회도 많아질 수밖에 없지 않을까 하는 걱정이 앞섰다. 어느 외국어
강사의 말처럼 외국어를 가장 빨리 배우는 방법은 자신의 모국어
와 완전히 차단된 곳에서 생활하는 것이 최고라는 조금은 강박중
적인 초조함이 존재했던 것 같다.

그렇게 무턱대고 지도 위 **다섯 개의 꼭짓점**에 어떤 도시들
이 있는지를 살펴봤다. 중심에서 멀어지면 멀어질수록 그만큼 나
의 모국어와도 멀어질 것이란 근거 없는 기대와 믿음을 가득 안고
서 말이다.
먼저 동쪽으로 눈을 돌렸다. 그러자 첫번째로 눈에 들어온 도시는
스트라스부르. 교육의 도시이자 당시 유럽통합이라는 가치를 실현
시키기 위해 유럽연합의 기구들이 속속 들어서고 있었다. 왠지 모
르게 좀 다양한 국적의 사람들이 몰려들지 않을까 하는 느낌이 들
었다. 지금은 그렇게 한가하게 여러 나라 사람들을 만날 마음의 여
유는 없다는 생각이 머릿속을 스쳐갔다.

다시 반대쪽인 서쪽으로 눈을 돌리자 낭트나 보르도 같은 도시 이름들이 눈에 띄었다. 이름은 몇 번 들어본 것 같은 곳들, 가본 적 없는 곳이지만 왠지 농촌마을 같은 분위기가 물씬 풍겨왔다. 아마도 포도주로 유명한 보르도라는 지명이 주는 이미지가 작용했기 때문일 것이다. 아무리 모국어와 차단된 장소로 이동을 한다고 해도 도시에서 나고 자란 내가 시골생활에 잘 적응할 수 있을까 하는 근거 없는 걱정이 앞섰다. 옆에서 지켜보던 후배들이 한마디씩 거들며 자기 방으로 들어들 간다.

"형, 가본 적도 없는데 뭘 그렇게 신경을 쓰고 있어요."

"맞아! 그냥 파리에 남아요. 우리랑 같이."

듣는 둥 마는 둥 후배들에게 겸연쩍은 표정으로 씨익 웃어 보이고는 다시 지도로 고개를 돌렸다. 이번에는 남쪽으로 가볼 차례였다. 따뜻한 지중해와 맞닿아 있는 곳에 세계적인 도시의 이름들이 눈에 들어왔다.

영화제로 유명한 칸이 있었고, 그 양쪽 옆으로 니스와 마르세유도 보였다. 유럽의 부자들이라면 누구나 휴양지로 꼽는다는 도시들의 목록이 그곳에 다 있었다. 역시 **내게는 안 어울리는** 곳들이었다.

그렇게 이곳저곳 가보지도 않고, 그래서 사실은 잘 알지도 못하는 프랑스의 도시 곳곳을 살펴보는 일도 슬슬 지겨워질 무렵이었다.

갑자기 '산으로 들어가 볼까?'하는 생각이 머리를 스쳤다. 우리 나이 또래에는 고시공부하거나 뭔가 작심하고 큰일을 도모하기 위해서는 늘 산으로 올라갔다. 그런 독특한 취향이 내게도 남아 있었던 것 같다. 문득 떠오른 것이지만 생각해 보면 해볼수록 꽤 괜찮은 아이디어 같았다.

산속이야 어차피 한국의 산속이나 프랑스의 산속이나 뭐 매 한가지려니 하는 생각에 일단 다시 지도부터 뒤졌다. 그런데 프랑스에서는 흔히 한국에서 말하는 산속 같은 산속이 별로 많지 않다.

프랑스의 여러 도시들을 여행한 사람들은 잘 알 테지만 프랑스는 전형적인 농업국가다. 아직도 농민들의 파워가 제일 센 곳이며 이것은 그만큼 프랑스라는 대지가 평평한 경작지로 이뤄져 있다는 것을 의미한다. 단 한 곳을 빼고는 말이다. 대신에 그곳은 엄청나게 험준한 산맥으로 둘러싸여 있다. 바로 유럽의 지붕이라 일컬어지는 곳, 바로 알프스다. 이탈리아와 스위스가 서로 국경을 맞대고 있는 이 지역을 가리켜 프랑스에서는 론 알프스(Rhone-Alpes)라고 부른다.

이름도 처음 들어보는 낯선 지명의 도시들이 눈에 들어왔다. 안시, 그루노블, 셍티엔, 리옹. 그나마 리옹은 이름이 덜 낯설고 나머지는 처음 들어보는 이름들이었다. 그 도시들 가운데서도 더 알프스 산속 쪽으로 가까이 다가선 도시를 찾았다. 그리고 드디어 나의 마음에 쏙 드는 도시 하나가 눈에 들어왔다.

바로 '샹베리'(Chambery)라는 곳이었다. 샹베리, 뭔가 살살 녹는 아이스크림 이름 같기도 하고, 알프스 산맥 언저리에 자리 잡고 있는 한적하고 작은 도시, 여러모로 내가 찾고 있던 모든 조건을 딱 갖추고 있는 도시였다.

그날 밤 나는 서둘러서 다시 짐을 쌌다. 역에 연락해 기차편도 예약하고 후배들과 아쉬운 석별의 정을 나누며 샹베리에서의 새로운 시작을 꿈꾸기 시작했다.

샹베리에 도착하던 날이 지금도 선명하게 떠오른다. 초고속열차 TGV를 타고 4시간 정도를 달려 도착한 샹베리 기차역. 집을 옮겨 놓은 것처럼 뭔 짐이 그렇게 컸는지, 지금 생각해 보면 참으로 우습기만 하다. 다시는 돌아오지 않을 사람처럼 떠나올 때부터 있는 것 없는 거 다 챙겨서 짐을 꾸리다 보니 이건 여행가방이 아니라 이삿짐이 되고 말았다. 큰 짐짝을 끌고 어깨에는 배낭을 메고 또 다른 손에 가방 하나를 더 들고 움직이다 보니 더운 여름 날씨에 땀을 한 바가지는 흘렸던 것 같다. 얼마나 힘이 들었으면 흠뻑 젖어 옷 사이로 땀이 줄줄 흐르던 기억이 아직도 생생할 정도니까 말이다.

기차역에서 목적지까지 걸어가기 위해 지도를 다시 꺼내 살폈다. 샹베리는 워낙 작은 도시라서 도시 중심에서 거의 모든 장소들이 걸어서 몇 분 안에 있다. 그 도시 중심에는 유럽에서는 좀처럼 보기 힘든 4마리의 코끼리 동상이 있다. 코끼리 하면 인도나 아프리카를 떠올리지 사실 유럽의 도시가 연상되는 경우는 거의 드물다. 샹베리가 있는 곳은 옛 사보아(Savoie) 왕국의 영지에 속했던 지역인데, 이곳에 원래 코끼리가 많았던 것일까? 아니면 카르타고의 한니발이 알프스를 넘어 로마를 치러 왔을 때 코끼리 37마리를 끌고 왔다고 하는데, 혹시 그때 남겨진 유산일까? 그 무거운 짐을 끌고 가면서도 도시 한가운데 우뚝 서 있는 이국적인 코끼리 동상 앞을 지날 때는 이러저런 생각이 스쳤다.

도시 한가운데를 벗어나자마자 옹기종기 모여 있는 파스텔톤으로 칠해진 갖가지 빛깔의 집들이 눈에 들어왔다. 가지런하게 늘어선 아담한 집들 사이를 돌고 돌아 절벽처럼 가파른 언덕 위에 세워진 하얀 십자가가 보일 즈음, 드디어 저 멀리 샹베리 랭귀지 스쿨 간판이 보였다. 그곳은 대부분 언어연수를 목적으로 온 장기체류자들이 머무는 유스호스텔도 함께 운영하고 있는, 오랜 시간 기다려온 나의 최종 목적지였다.
끙끙거리며 남은 힘을 다해 짐을 옮겼다. 마침 도착한 날이 토요일

오후라선지 길거리에는 지나다니는 사람도 거의 없었다. 하얀색 페인트로 칠을 한 건물 벽을 돌아 현관입구에 도착했다. 온통 프랑스어로 씌어진 안내문구들, 뭐가 뭔지 하나도 모르는 말들에 머리가 어지러웠다. 도대체 어떻게 문을 열고 안으로 들어가라는 것인지, 인터폰은 눌러도 대답조차 없고 어서 빨리 이 무거운 짐이라도 좀 풀어놓았으면 하는 간절함으로 굳게 닫힌 문 앞을 서성거리고 있었다. 그때였다. 갑자기 어깨너머에서 들려오는 목소리에 머리통이 뻐근해졌다.

"한국에서 오셨어예?"

'아! 이 프랑스 산골마을에서 도착해서 맨 처음 듣는 소리가 경상도 사투리라니. 알프스 소녀의 하이디를 기대한 것은 아니지만 그래도 이건….'

정말 한국 사람이 한 명도 없을 만한 곳을 찾아서 발버둥치며 선택한 곳이었다. 가난한 유학생활을 시작하면서 돈을 아끼는 것이 제일인 줄만 알았던 그 시절, 하루라도 빨리 이 나라 말을 배워야겠다는 일념으로 다시 파리에서 도망치듯 도착한 곳이었다. 그러니 내가 그 순간 들었던 카랑카랑한 경상도 사투리에 얼마나 당황했겠는가? 프랑스 동쪽구석, 거의 국경과 맞닿은 끝자락에 있는 이 낯선 도시 샹베리에서 나는 그렇게 다시 나의 모국어와 만났다.

그런데 그게 전부가 아니었다. 입학수속을 마치자 때는 저녁식사 시간. 배정 받은 룸을 찾아 엘리베이터를 타고 4층으로 올라갔다. 잠시 후, 엘리베이터 문이 열리자 이번에는 은은하게 풍겨오는 아주 오래도록 익숙한 냄새!

'아~ 김치찌개다. 오 마이 갓!'

그날 저녁, 나는 무려 15명의 한국인 유학생들과 함께 샹베리 입성을 환영하는 파티를 열었다.

샹베리, 그곳은 사실 내 인생에서 가장 아름다운 기억들이 간직되어 있는 곳이다. 태어나서 처음 혼자서 떠난 외국여행이었고 꿈과 도전으로 충만했던 순간들이었다. 오로지 **내 의지대로** 나의 인생을 위해 많은 것들을 투자한 곳이기도 하다.

하지만 무엇과도 바꿀 수 없는 것은 그곳에서 내가 머무는 동안 만났던 수많은 친구들이었다. 줄잡아 20여 개 나라에서 모인 친구들과 함께 나는 말 그대로 '앙테르나시오날'(international) 하게 살았다. 지금 생각해 보면 어떻게 그런 일이 다 있을 수 있을까 하는 일도 있었고, 무엇보다 세상은 참 넓고 다양하다는 것을 몸으로 실감하는 기회였다. 그리고 그렇게 다양한 사람들이 살아가는 이 세상 속에서 말이 다르고 인종이 달라도 서로 아름다운 것을 느끼는 **방식은 똑같다**는 진리를 깨달았다.

어느 날 요리를 배우러 프랑스에 온 한국인 요리사와 일본인 요리사들이 주축이 되어서 아시아 음식을 만들어 팔아보자는 아이디어가 나왔다. 어차피 자기 나라에서는 내로라는 요리사들인데 자기 나라 음식 만드는 것쯤이야 식은 죽 먹기일 테고, 덕분에 우리도 오랜만에 고향음식을 먹으면서 기분도 전환할 수 있는 좋은 기회란 생각이 들었다. 처음에는 그저 밥을 먹다 농담처럼 꺼낸 말이었는데, 막상 이야기가 나오자 곧바로 실천에 옮기기로 결정되었다. 요리사들은 예상대로 짧고 명쾌하게 말을 마무리지었다.

"재료만 준비해 주세요."

다음날 우리는 곧바로 한일합동프로젝트 '아시아 퀴진 주르'(Asia Cuisine Jour, 아시아 음식의 날)를 선포하고 행사 일주일 전부터 4프랑짜리 티켓을 팔기 시작했다. 유로화가 정착되기도 전인 오래전 일이라서 기억도 가물가물하지만, 아마 당시 4프랑 정도면 우리 돈으로 한 3천 원 정도 했던 것으로 기억한다.

아시아 음식 하면 스시나 우동 정도를 떠올리던 유럽 친구들에게 한국의 음식을 소개한다는 것은 여러모로 의미도 있었다. 한편으로 유럽 친구들 입장에서는 태어나서 한번도 경험해 보지 못한 오리지널 한국요리를 그것도 4프랑에 먹어볼 수 있다는 것이 대단히 매력적인 일이었을 것이다. 일주일을 예상했던 티켓판매는 단 3일 만에 매진이 됐다. 준비했던 100장의 티켓이 모두 팔렸으니 순식간에 120만 원이나 되는 거금이 마련되었다.

우리는 티켓을 팔아 마련한 시드머니를 가지고 대형 할인마트로 달려갔다. 프랑스의 토종 대형마트 브랜드인 까르푸, 몇 년 전 한국에서도 사업을 시작했다가 한국산 대형마트에 밀려 사업을 접었던 바로 그 까르푸다. 프랑스말로는 교차로를 뜻하는 이름으로, 교차로처럼 서로 만나고 헤어지고 소통하자는 의미를 갖고 있는 곳이다. 열 명 남짓한 인원으로 꾸려진 '아시아 음식의 날' 추진단은 그날 프랑스의 대형마트 안에서 한국과 일본의 요리에 들어갈 아시아 식재료를 찾아내기 위해 선반 사이를 샅샅이 훑고 다녔다. 나중에 계산을 하기 위해 각자 모아온 재료들을 꺼내보니 정말 입이 벌어질 지경이었다. 삼계탕 만들 때 쓰는 황기나 인삼, 잡채에 들어가는 당면까지도 어디서 구했는지 용케들 찾아냈다.

우리는 학교에서 빌린 작은 트럭 한 대 분량의 식재료를 싣고서 숙소로 돌아왔다. 어찌나 많이 샀는지 매장 직원이 우리를 보고 식당을 새로 개업하느냐고 농담을 하기도 했다. 이제 남은 일은 오로지 한일 양국 요리사들의 몫이었다.

세 명의 요리사들은 각자의 숙소에서 순식간에 **엄청난 분량**의 음식들을 만들어냈다. 종류도 모양도 색깔도 제각각인 요리들이 차례로 하얀 접시에 담겨 행사장인 지하1층으로 옮겨졌다. 요리사들이 음식을 만들고 있을 때 나머지 사람들에게 주어진 일은 행사장 꾸미기. 스무 개가 넘게 기다란 테이블을 붙이고 그 위에 하얀 종이를 깔자 그럴듯한 뷔페식당 하나가 순식간에 모습을 드러냈다. 각자 방에서 듣곤 하던 음악CD들을 모아 스피커에 연결해서 음악을 틀고 방에 붙어 있던 사진이나 그림들을 벽에 붙여놓자 지하1층은 어느새 서울이나 도쿄의 어딘가를 그대로 옮겨놓은 듯한 분위기를 연출했다.

지글지글 끓는 불고기 냄새에다 참기름 냄새 구수한 잡채도 식탁 위에 올려졌다. 일본 요리사는 원래 과자나 케이크 같은 파티세리가 전문이었다. 그러다 보니 어지간한 일본 요리도 한국인 요리사들에 의해 만들어졌다. 대신에 일본 요리사는 자신의 전공을 살려서 케이크나 쿠키 같은 입맛 도는 간식을 제공했다. 요리들이 하나둘씩 식탁에 차려지자 어떻게 냄새를 맡고 왔는지 행사장 입구에는 몰려든 외국학생들로 길게 장사진을 이루었다.

사실 그들 입장에서 보자면 한적하고 조용한 이 샹베리라는 전원도시에서 오랜만에 벌어지는 즐거운 이벤트였다. 원래는 언어 연수학교 학생들에게만 티켓을 팔 예정이었는데 어떻게들 알았는지 샹베리 곳곳에 있는 젊은이들은 다 모였다. 하긴 당시 샹베리대학교 구내식당에서 학생들에게 판매하던 식권 한 장 가격이

2500원 정도 하던 시절이었으니, 3천 원에 아시아의 특별한 요리를 맛볼 수 있다는 것은 대단한 행운이 아닐 수 없었다.

그러다 보니 원래 예상했던 100명을 훨씬 웃도는 인원이 행사 당일 몰려들었다. 돈을 벌기 위해서 시작한 일은 아니었지만 어차피 아시아의 음식을 유럽 사람들에게 알리고 좋은 이미지를 만들어보자는 취지에서 시작한 일이니 많이 오면 올수록 그만큼 우리의 기쁨도 커졌다. 다만 걱정이 하나 있다면 그것은 음식이 예정보다 일찍 동나면 어떡하나 하는 조바심뿐이었다.

어느덧 약속했던 **행사의 시작시간**이 다가왔다. 지금껏 분주하게 요리준비에 여념이 없었던 요리사들이 나에게 다가왔다. 그러더니 대뜸 나에게 이렇게 말을 건넸다.

"형님이 한말씀 좀 하시죠. 그래야 모양새가 날 듯한데요."

한마디로 나보고 예정에도 없던 개회사를 하라는 말이었다. 원래는 그냥 재미로 시작한 일이었다. 하지만 명색이 '아시아 음식의 날'이라 정한데다가 강당에 꽉 들어찬 사람들 때문에 누군가 한마디 인사 정도는 하고 나서 음식을 먹기 시작하는 게 분위기로 봐서도 맞는 일이었다. 그런데 왜 그걸 하필 나보고 하라는 건지. 입으로는 "알았어" 하고 대답하긴 했지만 막상 그 일을 내가 맡아야 된다고 생각하니까 갑자기 목이 타고 갈증부터 느껴졌다.

뭐, 쉽게 생각하면 간단한 일이었다. 그냥 부담 없이 행사장에 온 사람들 앞에서 마이크를 잡고 "여러분 환영해요. 잘 오셨고요. 맛있게 음식 들고 즐거운 시간 가지세요." 이런 말 한마디하는 게 어렵겠냐마는, 문제는 그걸 프랑스어로 해야 한다는 사실이었다.

가끔 TV를 보다 보면 영화제나 드라마 시상식장에서 몇몇 사람들이 종이쪽지에 인사말을 적어서 읽곤 하던 모습을 본 적이 있을 것이다. 그럴 때면 속으로 '어떻게 저런 짧은 말 하나도 써가지고 읽냐' 하면서 콧방귀를 끼곤 했는데, 그날 이후로는 그런 생각조차 하지 않게 되었다. 어쨌든 즉석에서 프랑스어 단어들을 조합하고 옆사람에게 물어가면서 짧은 인사말 하나를 준비했다.

노란색 티켓을 손에 쥐고서 "어서 빨리 문을 열어주세요"라고 칭얼거리며 줄 서서 기다리는 손님들, "준비 다 됐으니, 어서 손님들에게 인사말 하고 빨리 밥 먹읍시다"라며 재촉하는 요리사들, 사람이 당황하면 정말 등에 식은땀이 난다는 것을 그때 확실히 깨달았다.

마이크 전원을 켜고 "아, 아, 마이크 테스팅!" 두어 번 입을 열었는데 그 순간 저쪽에서 샹베리 랭귀지 스쿨 교사들이 계단을 총총히 내려오는 모습이 보였다. 아시아 음식의 날에 선생님들도 총출동을 한 것이었다. 선생님들 모습이 보이자 혓바닥이 더 굳어버리는 건 또 웬일인지.

어쨌든 생각이 생각을 낳고 고민이 고민을 낳는다. 뭐 이럴 때는 무조건 시작부터 해보는 게 최고다. 우선 떨리는 소리로 마이크를 잡고 인사부터 했다.

"아, 아… 앙샹떼(반가와요)."

여기까지는 기억이 난다. 그 다음 말을 뭐라고 했는지 도무지 기억이 나지 않는다. 연설문도 없이 즉석에서 스무 개 나라 친구들에게 "잘 왔고, 열심히 만든 것이니 맛있게 먹어달라"고 한마디하는 게 왜 그렇게 힘들게만 느껴졌는지. 그래도 다들 즐거운 표정으로 나의 인사말을 들어주던 친구들, 비록 무슨 말을 했는지 기억은 나지 않지만 그날의 힘들었던 순간은 아직도 몸 속 어느 구석에 남아 있는 듯하다.

그렇게 해서 '아시아 음식의 날'은 성대하게 막을 올렸다. 한 가지 아쉬운 게 있었다면 마이크 잡고 인사말을 한 까닭에 졸지에 호스트가 되어버렸다는 사실이다. 남 눈치 안 보고 이것저것 먹고 싶은 음식들이 한두 가지가 아니었건만, 대신에 나는 우아하게 접시 하나에 와인잔 하나 들고 조신한 표정으로 손님접대에 나서야 했다.

사실 이 얘기를 꺼낸 이유는 아이노아라는 스페인 여학생에 관한 이야기를 하려는 것 때문이다. 그렇게 그곳에서 아이노아라는 예쁜 이름을 가진 한 여자아이가 나에게 다가왔다. 웃을 때면 보조개가 살짝 돋보이고 약간은 허스키한 목소리를 지녔던 그녀. 마드리드에서 왔고 아시아에 관심도 많았던 스무 살 대학생이었다. 그녀는 그날 내가 정말 한국 음식을 먹고 싶어 한다는 걸 눈치 챈 유일한 외국인이었다.

"이건 무슨 요리야?"

"이건 또 뭐로 만들었어?"

이것저것 물어보면서 자기 접시에 한 점, 내 접시에 한 점 올려놔 주던 고마운 마음씨를 가진 스페인 아가씨.

그날 이후로 우리는 친해졌고 맑고 싱그러운 햇살과 푸른 하늘 아래로 드넓게 펼쳐진 알프스 초원을 함께 산책하면서 많은 이야기를 나눴다. 우리에게는 『에밀』로 유명한 장 자크 루소가 말년에 자신의 삶을 되돌아보며 많은 상념들을 글로 옮겼다는 샹베리 숲길을 때로는 어깨를 나란히 하고 거닐기도 하고 또 때로는 폭설로 뒤덮인 절벽 위의 하얀 십자가가 어디에 있는지 함께 찾기도 했다. 마치 예수의 골고다 언덕처럼 직각으로 꺾어진 절벽 위에 서 있던 하얀 십자가. 하얀 눈 속의 하얀 십자가는 샹베리를 떠올리면 언제나 자동으로 연상되는 샹베리만의 고유한 모습이기도 하다.

그렇게 오랜 동안 함께 이야기를 나누고 정을 나눴던 그녀는 예정된 시간이 되자 떠나갔다. 처음에는 별로 큰 아쉬움도 없었다. 어차피 사람은 만났다 헤어지는 것이고 다시 만날 수도 있는 것이기 때문이다. 하지만 아이노아를 다시 만날 수 있는 기회는 더 이상 없었다.

그리고 살다 보면 이상하리만치 시간이 지날수록 그리움이 점점 더해 가는 사람이 있다. 누구에게나 그런 사람 하나쯤은 다들 갖고 있겠지만, 나에는 아이노아가 바로 그런 여자아이였다. 아마도 그만큼 그 시절 나에게는 그녀와의 순수했던 우정과 기억들이 즐겁게 교차했기 때문인 것 같다.

우연히 이 글을 쓰고 있는 오늘 아침, 나의 아주 오래된 다이어리를 책꽂이에서 발견했다. 그리고 그 마지막 페이지에는 펜으로 꾹꾹 눌러쓴 아이노아의 스페인 집주소와 풀네임이 적혀 있었다. 나는 그때 그녀의 풀네임을 처음 알았다.

사실 그동안 페이스북을 이용하면서 오래전에 헤어졌던 나의 유럽 친구들을 찾아보곤 했다. 당연히 아이노아라는 이름도 여러 번 검색창에 넣어보았지만 그녀의 진짜 성을 몰라서 찾는 걸 포기했던 그녀. 드디어 오늘 아침 그녀의 이름 철자가 키보드 위에 하나하나 찍혀갔다. A. I. N. H. O. A, 드디어 마지막 영문 T자를 치고 나서 엔터키를 눌렀다.

순간 단 한 명의 이름이 검색창에 떠올랐다. 여태껏 한번도 찾지 못했던 샹베리의 아이노아, 바로 그녀였다. 조그만 프로필 사진 속

에는 얼굴에 주름이 지고 조금은 나이가 들어 변해 버린 모습의 그
녀가 예쁘게 생긴 딸아이를 안고 있다. 나도 모르게 움찔한다.
'페이스북이 사람을 이렇게 전율시키는구나.'
만약 기억을 통한 시간여행의 속도를 잴 수 있다면, 아마 그건 빛의
속도를 능가할 것이다. 나는 15년 전의 프랑스 시골마을로 순간 이
동했다.
4마리 코끼리의 동상이 보이고 아담하게 늘어선 담 낮은 집들. 푸
른 초원과 맞닿은 푸른 하늘. 가파른 절벽 위에 우뚝 서 있는 하얀
색 십자가도 선명하게 보인다. 하얀 페인트가 칠해진 랭귀지 스쿨
담벼락을 손가락으로 더듬으며 걸어본다. 무거운 짐가방을 들고
낑낑거리며 발을 옮기던 계단을 오르자 손바닥에 땀이 흥건하다.

내 기억 속에선 분명 소녀였던 그녀가 이젠 어엿한 **중년의 부
인**이 되었다. 빨리 그녀가 나의 친구찾기에 대답을 했으면 좋겠다.
그런 마음으로 기다리고 있는데, 메시지가 도착했다는 알림표시에
불이 들어왔다.

23시간의 환승대기

샹베리에서의 유학생활은 아쉽게도 계획했던 것을 다 이루지 못하고 일찍 막을 내렸다. 그 시절 대부분의 유학생들이 경험했던 아픔이기도 하겠지만 이듬해 닥친 IMF 구제금융으로 환율이 거의 두 배가량 올랐기 때문이다. 환율이 두 배 오르면 결국 은행에 넣어두었던 돈의 가치가 반으로 떨어진다는 것을 의미한다. 주머닛돈이 쌈짓돈이라고, 은행에 넣어둔 돈을 야금야금 꺼내 생활해야 했던 사람들에게는 거의 치명적인 상황이 벌어진 것이다. 결국 영화를 공부하겠다는 꿈을 접고 다시 귀국길에 오를 수밖에 없는 처지가 되어버렸다.

떠날 때의 마음이 흥분과 기대가 교차하는 순간들로 꽉 차 있었다면 돌아올 때의 마음은 그만큼이나 냉정하고 차가울 수밖에 없다. 하지만 여행이란 떠나는 것과 돌아오는 것의 연속이다. '잘 떠나는 것'도 중요하지만 그만큼 '잘 돌아오는 것'도 중요하다. 보통은 여행을 떠날 때 돌아오는 일까지 신경을 쓰는 사람은 그리 많지 않다. 어차피 여행이란 것이 문자 그대로 나그네가 되어 길을 간다는 뜻이니, 우선은 잘 떠나는 일에 신경을 쓸 수밖에 없다. 하지만 여행이란 개념을 좀더 확장시키면 개념에 따라서 생각도 달라진다.

여행을 뜻하는 단어 travel은 원래 프랑스어의 travail에서 나왔다고 한다. 트라바이(travail)란 곧 '고된 노동'이란 뜻이다. 아주 힘들고 고된 일이라는 의미를 담고 출발한 여행의 개념이지만, 다른 식으로 해석해 본다면 힘들고 어려웠던 여행일수록 더 오래 기억될 수 있다는 의미로 받아들일 수도 있다. 나는 그렇게 여행의 의미를 믿고 싶다. 누구에게나 여행 중에는 힘들고 어려웠던 순간들이 막상 세월이 지난 뒤 되돌아보면 기억 속에 살아 숨쉬는 시간으로 다시 다가오는 것을 경험한 적이 있을 것이다. 나의 경우도 예외는 아니었다.

그래서 나는 어떻게 하는 것이 정말 여행에서 잘 돌아오는 것인지, 꼼꼼히 정리해 보기로 마음먹었다. 떠오른 생각들을 하나하나 종이에 적어 내려가자 순식간에 마치 이삿짐 준비목록 같은 리스트가 되어버렸다. 우선 학교측에 떠나겠다는 의사를 밝히고 필요한 행정적인 일들을 마무리지었다. 그동안 자주 이용했던 도서관에서 빌려온 책들과 영화DVD나 음악CD들도 꼼꼼히 체크해서 반납했다. 외국인에게도 무료로 개방했던 샹베리 시립도서관은 나에게는 중요한 정보의 원천이자 지적인 자극이었다. 반납처리를 하고 나오면서 정문 앞에서 기념사진을 찍었다.

그러는 사이에 어린아이들이 재잘거리며 안으로 들어가고 있다. 이렇게 작은 시골도시일수록 공공시설의 수준은 대도시에 버금가는 것이 프랑스의 특징이고 문화적 저력이다. 의자, 책상, 실내디자인, 모든 게 최고의 수준을 유지하는 곳. 순간 우리 공공도서관의 모습이 오버랩됐다. 낡고 허름한 책장과 의자, 공공이란 이름은 최고나 최상보다 대충이나 적당이란 단어가 더 어울릴 법한 우리의 현실과는 많은 차이가 난다. 어쩌면 이런 것이 **문화의 발전**을 규정하는 근본이지 않을까 하는 생각이 스쳤다.

다음은 동네 가게들이었다. 숙소 근처 자주 다니던 빵집이나 식당에도 언제 다시 찾게 될지 몰라 들를 때마다 작별인사를 하고 다녔다. 잘 떠나기 위한 첫번째 과제, 그것은 역시 사람과 좋은 기억을 갖고 헤어지는 일이다. 시골인심은 국경을 넘어도 늘 마찬가지, 그곳에는 삭막한 도시에서 느낄 수 없는 정서가 흐른다. 특히 자주 찾던 빵집이 그랬다.

세상에서 제일 맛있는 빵을 만든다고 자부하는 프랑스 사람들은 빵에 대해서만큼은 자긍심이 대단하다. 이른 아침 풍겨오는 구수한 빵 굽는 냄새는 하루가 시작되고 있음을 알려줄 만큼 프랑스적인 인상이다. 그래서 나도 언제부턴가 집에서 아침을 해결하지 않고 늘 빵집으로 달려가서 아침거리를 사오곤 했다. 그렇게 몇날 며칠 나의 아침식사를 해결해 주었던 빵집 주인도 떠난다는 말에 못내 아쉬운 표정을 지어 보였다. 방금 구워져 나온 따끈따끈한 빵 하나를 밀가루 묻은 손으로 냉큼 집어서 건네준다.

"이젠 우리 빵 먹을 날도 며칠 안 남았네."

"그러게요."

아주머니에게서 물씬 정이 느껴졌다.

요즘에야 빵집의 전통이 많이 사라졌지만 중세시대부터 내려오는 프랑스의 전통 중 하나는 마을에는 성당도 하나, 빵집도 하나, 블랑제리라는 제빵사도 한 사람만 있어야 했다. 그만큼 빵집은 권위와 정체성을 상징했다. 그런 고집 센 프랑스식 전통과 작별을 하는 일은 하루하루가 참으로 운치 있었다. 가는 곳마다 색다른 모습, 정감 있는 작별의 대화로 나에게 잔잔한 감동을 주는 곳, 프랑스의 아름다움은 여행의 끝자락에서도 짙은 향기를 뿜어냈다.

그러던 어느 날이었다. 전혀 뜻하지 않은 곳에서 나의 귀국일정이 꼬여가기 시작했다. 순조롭기만 하던 나의 '샹베리 철수작전'에 갑작스런 문제가 생긴 것이다.

당시 나에게는 1년 동안 자유롭게 이용할 수 있는 비행기 탑승티켓이 한 장 남아 있었다. 원래는 유학생활 중간에 잠시 다녀올 생각으로 갖고 있었던 것인데, 그게 문제를 일으킨 것이다. 원래 구입 당시부터 가격이 너무 저렴해서 거의 공짜 티켓이나 다름없다고 할 수 있었는데, 싼 게 비지떡이라고 그 티켓이 말썽을 일으킨 것이다.

여행가방 깊숙이 넣어두었던 티켓을 거의 1년 만에 다시 끄집어냈다. 귀국날짜를 결정하고 예약을 하기 위해 티켓에 적혀 있는 프랑스 현지의 예약센터로 전화를 걸었다. 그날따라 예약서비스는 연결상태가 좋지 못했다. 끊겼다 이어졌다를 반복하다가 거의 30분을 기다린 끝에 간신히 전화안내원과 연결이 되었다. 처음부터 상냥한 말투로 시작될 수 있는 분위기는 아니었다.

"서울행 항공기 탑승예약을 하고 싶습니다."

"네, 잠시만 기다리세요."

짧게 한마디하고는 하세월이다. 수화기 너머로 옆자리 안내데스크의 상담원 목소리가 들려왔다. 자신이 엄청 바쁘다는 일종의 암시이겠거니 하는 생각이 들었다. 잠시 후 다시 안내원의 목소리가 들렸다. 영문이름 스펠링을 또박또박 불러주고 탑승을 원하는 날

짜를 말해 줬다. 사실 뭐, 거기까지는 아무런 문제가 없는 듯 보였다. 그런데 안내원이 말해 준 탑승시각이 좀 이상하게 느껴졌다. 처음에는 내가 잘못 알아들었나 싶었다. 그래서 다시 물었다.

"미안하지만 **탑승시각**을 다시 한번 불러주시겠어요?"
카랑카랑한 억양의 여자 안내원이 귀찮다는 듯 한숨을 내쉬고는 다시 탑승시각을 불러준다.

"파리 샤를 드골 공항 19시 출발, 싱가포를 창이 공항 07시 도착, 싱가포르 창이 공항 06시 출발, 서울 김포공항 12시 도착."
싱가포르 창이 공항에 07시에 도착해서 다시 공항을 떠나는 출발 시각이 06시라면, 이건 대기시간만 23시간이다. 처음에 나는 두 개의 시간대가 서로 뒤바뀐 줄 알았다. 그래서 재차 또 물었지만 역시 대답은 같았다. 어차피 항공기 출발과 도착 시각이라는 것이 반드시 내 마음대로 될 수 있는 것은 아니다. 거기에 이의를 달 사람도 없을 것이다. 때에 따라서는 천재지변으로 예정됐던 시각이 언제라도 바뀔 수 있는 것이 항공스케줄이다. 하지만 이건 **해도 좀 너무하다** 싶었다.

그런데 콜센터로 전화를 해서 불만을 토로하고 문제를 해결하기에는 우선 내 프랑스어 실력이 좋지 못했다. 그러다 보니 대화가 제대로 이뤄질 리 없다. 환승 대기시간에서 이런 문제가 생길 것을 예상하지 못한 나로서는 일방적일 수밖에 없는 상황이었다.

흥분을 가라앉히고 가만히 이야기에 귀를 기울였다. 얘기인즉, 이번 주 항공스케줄에 문제가 생겨서 어쩔 수 없는 상황이고 내가 갖고 있는 항공권 자체가 아주 파격적인 가격할인을 한 것이라서 다른 방식으로 서비스 업그레이드를 할 수도 없단다. 게다가 그 시간에 파리—싱가포르, 싱가포르—서울로 들어가려는 이용객은 예약자가 현재까지는 오직 한 사람밖에 없다는 설명까지 덧붙여주었다. 그 한 사람이란 곧 나를 뜻했다. 뭐가 잘못돼도 한참 잘못된 것은 분명한데, 어찌해 볼 도리가 전혀 없는 상황이 된 것이다.

아무리 그래도 그렇지 어떻게 열세 시간도 아니고 무려 스물세 시간을 기다려야 한단 말인가! 어림잡아 계산을 해보니 비행기를 갈아타는 데 걸리는 시간까지 합쳐서 모두 43시간에 달했다.

갑작스럽게 터진 환율폭등에 울며 겨자 먹기 식으로 짐을 꾸려서 돌아가는 서러운 귀국길이건만, 이젠 돌아가는 비행기표까지 이렇게 괄시를 하나 싶어 처량한 기분마저 들었다. 선택의 여지가 없는 환승대기 '23시간의 도전'은 그렇게 울며 겨자 먹기 식으로 시작되었다.

처음에는 호기도 좀 있었다. 피곤하면 공항에서 자면 되는 것이고 책도 읽고 공항도 구경하면 그깟 23시간 정도야 뭘 해도 금방 지나갈 것 같았다. 생각이란 이렇게 때로는 어처구니없는 일을 저지르기도 한다. 아마도 그때는 아무것도 하지 않은 채 시간만 기다린다는 것이 얼마나 힘든 일인 줄 몰랐던 것 같다. 원래 시간은 상대적인 개념 아닌가! 아인슈타인이 밝혀낸 시간의 상대성이란 결국 시간의 속도는 늘 일정하지 않고 상대적으로 변화한다는 것일 터.
쉽게 말해서 시간이 빨리 가는 것은 재밌을 때나 해당되는 얘기다. 반대로 재미없고 힘들고 고통스러운 순간에서 시간은 거의 정지상태에 가깝다. 이런 시간의 상대성을 현실 속에서 실험을 한 과학자들도 있었다.
한 연구결과에 따르면 고도가 높은 곳에 사는 사람과 고도가 낮은 곳에 사는 사람이 체감하는 시간의 속도는 똑같지 않다고 한다. 그 결과 높은 곳에 사는 사람들일수록 시간의 속도가 빠르기 때문에 그만큼 더 빨리 늙을 수 있다는 경고까지 하고 있다. 장수하고 싶다면 고도가 높은 곳보다 낮은 곳에 살아야 한다는 뜻인데, 전망 좋은 높은 곳을 향해 숨 가쁘게 올라만 가는 우리의 욕망에 대한 따끔한 경고 같아서 마음이 뜨끔했던 적이 있었다.

각설하고, 그럼에도 불구하고 인생에서는 때로 그렇게 호기심 하나 때문에 가혹한 대가를 치러야 한다는 것을 잘 알면서도 무모한 일들을 저지르는 경우가 간혹 있다. 무엇보다 그때의 나는 기다림의 한계가 어느 정도일까 하는 호기심도 컸다.

며칠 후 그 대가는 정말로 가혹했다. 23시간의 기다림, 조금 과장
해서 표현하자면 그것은 몸이 꼬이고 정신이 몽롱해지는 아주 색
다른 차원의 육체적 고통까지 수반한다. 정신적으로 힘에 겨운 것
은 말할 필요도 없다. 어쨌든 이런 우여곡절 끝에 나는 싱가포르로
향하는 비행기에 탑승을 했고, 곧이어 '23시간의 기다림'이라는 새
로운 기록도전에 나섰다.

출발 당일이다. 파리 샤를 드골 공항을 차고 올라간 비행기는 순식
간에 구름 사이를 날고 있었다. 어둠이 깔린 하늘, 창문 너머로 도
심의 불빛들이 힐긋힐긋 스쳐갔다. 비행기가 정상적인 항로에 진
입했음을 알리는 사인의 불이 켜졌다. 기장의 안내방송 멘트가 흘
러나오자 동시에 작은 모니터에는 현재의 고도와 남은 거리 그리
고 비행시간이 숫자로 표시되었다.

싱가포르행 비행기답게 주위는 중국어로 흘러넘쳤다. 그래도 오랜
만에 같은 피부색의 동양인들 틈에 섞여 있다 보니 왠지 모를 동류
의식 같은 것도 생겨났다. 잠시 좌석을 뒤로 비스듬히 눕히고 기내
에 비치된 싱가포르 관련 책자를 꺼냈다.

국토의 크기로 치자면 서울보다 조금 크고 인구는 서울의 1/10 정
도의 작은 나라, 하지만 1인당 국민소득은 3만 달러를 훨씬 넘을
정도로 부유한 나라 싱가포르. 63개의 섬으로 연결되어 있고 뉴욕,

런던, 도쿄 다음으로 큰 외환시장을 운영하고 있는 곳이다. 계획에도 없던 싱가포르란 나라를 가게 된 것이 애당초 환율 때문이었는데, 다시 환율과 깊은 관련이 있는 국제금융의 도시 싱가포르로 향하고 있다는 것이 순간 우연한 인연처럼 다가왔다. 환율의 도시에 환율 때문에 가게 된 것이다. 인생 참 묘하다.

요즘엔 세계 어느 곳을 가도 비행기로 12~3시간 정도면 도착을 할 수 있다. 그러니 비행기로 이동하는 시간보다 비행기를 타기 위해 기다려야 하는 시간이 배 이상 더 길다는 것은 난센스임에 틀림없다. 지난해 캐나다 몬트리올로 이동하는 과정에서 비행기가 연착되어 뜻하지 않게 오타와에서 하룻밤을 묵고 다음날 아침 몬트리올로 이동한 적이 있었다. 하지만 이때는 뜻하지 않은 기상악화로 항공기가 연착을 하는 바람에 어쩔 수 없는 선택이었다. 이럴 경우를 대비해서 항공사에서는 연기된 일정에 맞게 호텔과 식사를 무료로 제공한다. 비록 일정에 차질은 생겼지만 적어도 생고생을 하며 공항에서 대기하는 일은 없었다. 그동안 수많은 곳으로 여행을 떠났지만, 돌이켜보면 '23시간 환승대기'는 전무후무할 정도로 기록적인 긴 시간이었다.

그렇다고 이제 와서 돌이킬 수도 없다. 태어나서 처음 해보는 낯선 경험이지만 일단 부딪혀보기로 했다. 마음을 그렇게 먹으니 걱

정도 사라지고 깊은 잠에 빠져버린 것 같다. 파리를 출발한 비행기
는 예정된 시각에 정확하게 싱가포르에 도착했다. 비행기가 고도
를 낮추자 건물높이만큼 자란 높다란 야자수들이 일렬로 서 있는
모습이 제일 먼저 눈에 들어왔다. 강렬한 태양, 이국적인 정취, 푸
른 띠처럼 길게 늘어선 바닷가, 금빛의 모래해변, 드디어 싱가포르
에 도착한 것이다.

이제 이곳 싱가포르 창이 국제공항에서 하루를 버텨야 한다. 일단
나는 카트에 짐을 싣고 무작정 공항을 걷기로 마음먹었다. 오랜 비
행시간으로 딱딱하게 굳어 있던 다리근육도 풀어줄 겸, 이곳저곳
구경도 할 겸해서 일단 걷는 것부터 시작했다. 무엇보다 나에게는
23시간이라는 길고 긴 시간이 남아 있었다.

세계적인 공항답게 **창이 공항**은 요모조모 볼 것들이 많았다.
지금이야 인천 국제공항에 세계 제일의 자리를 넘겨줬지만 그때만
하더라도 싱가포르 창이 국제공항은 전세계에서 가장 쾌적하고 아
름다운 공항으로 손꼽히는 곳이었다. 아시아의 허브를 목표로 꾸
준하게 관광객들을 유치하고 국제 금융과 비즈니스 센터들이 즐비
하게 들어선 탓에 공항은 늘 분주했다.

크게 봐서 창이 국제공항은 터미널 세 개에 각국 항공사들의 전용
이착륙장이 분산되어 있다. 따라서 항공기를 갈아타야 하는 경우

에는 터미널 사이를 이동해야 하는데 그 거리가 엄청나다. 그래서 일단 공항을 끝에서 끝까지 걸어보기로 마음먹었다. 공항 구경도 구경이지만 남은 시간 동안 편안하게 몸을 쉴 만한 곳을 찾을 필요가 있었다. 짐을 카트에 옮겨 싣고 느릿느릿 공항 이곳저곳을 구경하며 걸었다.

공항의 성격은 공항을 이용하는 **여행객들의 몸짓이나 표정**을 보면 잘 알 수 있다. 도시의 성격과 문화가 고스란히 공항에 배어 있는 것이다.

예를 들어 라스베이거스 공항에서는 놀랍게도 비행기에서 내린 순간부터 비행기에 오르기 직전까지 언제나 돈을 베팅할 수 있는 슬롯머신이 늘 가까이에 있다. 공항 곳곳에 비치되어 있는 슬롯머신, 인생이란 도박처럼 우연히 찾아오는 행운이나 불행의 연속일 수도 있다는 것을 라스베이거스 공항은 말해 주고 있는 듯하다. 특히 비행기를 탑승하는 게이트 옆에 마련된 슬롯머신에 생각보다 많은 돈이 쌓인다고 하는데, 그건 아마도 마지막까지 행운을 포기하지 않으려는 사람들의 심리 때문일 것이다.

반면 같은 미국이라도 뉴욕 JFK 공항은 베팅보다는 문화적인 서비스에 민감한 공항이다. 비행기에서 내려 공항에 발을 들여놓자마자 세계적인 예술가들의 작품과 전시회를 공항 곳곳에서 볼 수 있다. 한번은 〈LOVE〉라고 쓰인 조각으로 유명한 미국 팝 아트 계열의 예술가 로버트 인디애나의 진품 조각이 공항 안에 설치된 것도 본 적이 있다. 작품가격이 만만치 않았을 텐데, 그런 작품을 탑승객들의 무빙워크 옆에 나란히 설치할 수 있는 공항은 그리 많지 않을 것이다. 라스베이거스 공항에 슬롯머신이 어울리듯, 역시 뉴욕 JFK공항에서는 〈LOVE〉가 더 어울린다.

이런 관점에서 보자면 창이 국제공항은 한마디로 '환승 공항'이다. 일찍부터 동남아시아의 관문 역할을 떠맡고자 했던 싱가포르의 경제적 전략대로 창이 공항은 비행기를 갈아타기 위해 환승 게이트로 뛰어가거나 탑승시각을 기다리는 각양각색의 여행객들

첫번째 여정 - 공항, 터미널, 기차역에서 내가 만난 사람들

로 붐빈다. 그런 모습을 보고 있으면 마치 전세계 모든 항공기들이
서로 자신들의 승객들을 다른 항공기 승객들과 맞교환이라도 하는
듯하다.

그렇게 사람들 모습을 구경하며 걷기 시작한 지 얼마나 됐을까? 어
느새 나는 공항의 끝에 도착해 있었다. 더 이상 앞으로 나아갈 곳
도 없고, 어쩔 수 없이 다시 방향을 돌려 왔던 곳으로 되돌아갔다.
시계를 힐끗 보니 겨우 한 시간 반 정도가 흘렀을 뿐이다. 슬슬 기
다림에 지쳐갈 때였다. 눈앞에 사우나라고 적혀 있는 네온사인이
보였다. '그래, 바로 저기야!'
사실 프랑스에서는 사우나라는 간판을 본 적이 없다. 거의 1년 동
안 잊고 살았던 사우나였다. 이제 아시아로 넘어오자 낯익은 것들
이 하나 둘 모습을 드러내는구나 하는 생각이 들었다. 한국에서 자
주 찾아갔던 사우나의 모습이 눈에 선하게 떠올랐다. 따뜻한 탕 속
에 들어가서 몸을 녹이고, 또 여차하면 적당한 곳에 누워서 잠도 잘
수 있겠거니 하는 달콤한 상상에 빠져 사우나 간판 쪽을 향해 방향
을 틀었다.

가까이 가보니 카운터에서 나이든 할아버지 한 분이 꾸벅꾸벅 졸
고 있었다. 너무 이른 아침시간이라 손님 맞을 준비가 안 된 것인

지 아니면 원래 손님이 이렇게 없는 것인지, 가까이 다가가도 꿈쩍도 하지 않았다. 잠시 기다리다 헛기침을 몇 번 하자 놀란 표정을 지으며 자세를 바로 잡는다. 유리창에 적힌 이용요금은 우리 돈 1만 5천 원 정도, 현재 수중에 갖고 있는 돈의 1/3이나 되는 비용이다. 그래도 뭐 1년 만에 목욕탕 속에 들어가는 건데 이 정도쯤이야 값을 치를 가치가 있겠다 싶었다.

옷장 열쇠를 받아들고 문을 열고 들어가자 생각보다 작은 탈의실이 눈에 들어왔다. 널찍한 공항건물에 비하면 사우나의 탈의실은 형편없이 작았다. 돌이켜보면 그때 거기서 한번쯤 의심을 했어야 했다. 하지만 잠시 후면 김이 모락모락 피어나는 따뜻한 욕탕 안에 들어가서 한숨 푹 잘 수 있을 것이란 기대감에 다른 생각이 끼어들 틈도 없었다. 서둘러 옷을 갈아입고는 '사우나'라고 적힌 작은 화살표를 따라 탈의실 옆 좁은 복도로 들어갔다. 그러자 유리로 된 작은 여닫이문이 하나 나타났다. 문고리를 잡고 스스륵 문을 열었다. 김이 모락모락 날 거라고 기대했던 욕탕은 언감생심, 보이는 것은 일렬로 늘어선 칸막이 샤워대뿐이었다. 허탈감에 다리가 풀릴 지경이었다.

'아! 싱가포르에선 사우나가 사우나가 아니구나.'
일종의 샤워 부스라고 보는 편이 적당할 것이다. 마치 공중전화 부스처럼 생긴 작은 공간 안에 샤워기가 달려 있고 샴푸와 비누가 놓여 있는 작은 선반 하나가 달랑인 한 평도 안 되는 좁은 공간. 하지만 이미 때는 늦었다. 그래도 어쩔 수 없이 한번 버텨보기로 마음을 먹었다.

샤워기를 틀자 따뜻한 물이 흘러나왔다. 오랜만에 따뜻한 물로 머리부터 발끝까지 샤워를 하자 굳었던 근육들이 풀어지는 느낌이었다. 머리에 샴푸를 묻혀서 머리카락을 북적북적 비비고 물로 헹구고, 다시 머리부터 발까지 온몸에 비누칠을 하고 다시 물로 씻겨내기까지 모두 걸린 시간은 고작해야 한 10분 정도. 더해 볼 만한 것도 이젠 남지 않았다. 비록 김이 모락모락 피어오르는 욕탕은 아니지만, 그래도 비싼 돈 내고 들어온 이상 이것저것 해볼 것은 다해보고 나가야 억울함도 덜할 것 같았다.

우선 다리를 굽혀 몸을 아래로 숙였다. 작은 상자 안에 구겨넣듯이 바닥에 누워봤다. 자세를 위에서 본다면 아마 마술쇼에서 볼 수 있을 법한 상자 속에 몸을 구겨넣은 모습일 게다. 쏟아지는 물세례를 받으며 그렇게 있자니 처량하다는 생각밖에 들지 않았다. 결국 기대했던 사우나탕에서 한 시간도 버티지 못하고 밖으로 나왔다.

그때까지 공항 안에서 보낸 시간은 고작 3시간 정도. 더 이상 선택의 여지가 없었다. 비록 수중에 갖고 있는 현금이 턱없이 부족하지만 더 이상 공항에 있다가는 미쳐버릴 것 같았다. 사실 갑자기

두통이 느껴졌다. 신선한 공기라도 마셔야 지끈지끈거리는 두통에서 벗어날 것 같았다. 공항을 벗어나는 수밖에 다른 방법이 없었다. 싱가포르 입국카드에 이름을 쓰고 입국심사대 앞에 서 있는 사람들 틈에 가서 줄을 섰다. 현금도 별로 없는 상태로 싱가포르 시내에 들어가서 하루를 버틸 수 있을까? 걱정부터 앞섰다.

다시 말하지만 지금 이 이야기는 15년 전의 이야기다. 요즘 싱가포르 창이 공항에서는 항공기 대기시간이 5시간 이상인 사람들에게는 무료로 싱가포르 시내를 투어할 수 있는 서비스를 제공하고 있다. 이런 서비스는 발상 자체도 신선하지만 그만큼 싱가포르 공항이 항공기를 갈아타는 승객들로 붐빈다는 의미도 된다. 게다가 굳이 공항 밖으로 나가지 않더라도 곳곳에 여유로운 좌석들을 배치해서 공항 노숙을 하기에는 최적의 환경을 제공한다. 그때는 그런 서비스들과는 다소 거리가 멀었던 시절 이야기다.

공항 출입문이 열리자 **뜨거운 바닷바람**이 훅하고 얼굴에 부딪혀 왔다. 섭씨 40도에 육박하는 뜨거운 열대우림 기후에다 습도까지 높았다. 버스정류장에서 더위를 피해 가며 잠시 기다리니 시내 중심가로 향하는 버스 한 대가 들어왔다. 아침시간이라서 탑승객도 많지 않고 시원한 에어컨 바람 때문에 쾌적한 기분이 들었다. 신선한 바닷바람을 맞으니 머리도 맑아졌다. 차창 밖의 거리를 스치며 보고 있노라니 싱가포르와 다른 도시들이 비교됐다.

홍콩과 비슷하지만 그보다는 훨씬 깨끗하고, 대만보다는 밀집된 고층빌딩들이 뉴욕의 마천루를 연상케 하는 곳, 서울만큼 사람들이 많지만, 잿빛 서울의 하늘보다는 훨씬 이국적인 열대의 태양이 내리쬐는 곳, 한때 아시아 4마리 용 중의 하나로 세계의 이목을 집중시켰던 싱가포르의 첫 이미지는 그랬다.

듣던 대로 싱가포르는 참 깨끗한 도시였다. 관광지는 물론이고 일반 상가나 건물들이 있는 거리도 깨끗하게 정리가 되어 있었다. 세계 곳곳에서 온 다양한 인종들이 뒤섞인 거리, 싱가포르의 활력은 이런 다양성에서 시작되고 있음을 쉽게 느낄 수 있었다. 세계지도를 펼쳐보면 왜 싱가포르가 국제무역의 중심지로 발전했는가를 한눈에 알 수 있다. 유럽과 아시아, 태평양을 오고가는 선박들이 피곤에 지친 긴 항해를 쉬어갈 수 있는 곳, 길게 늘어선 인도네시아와 말레이반도 끝자락에 자리한 싱가포르는 남아프리카의 희망봉 케이프타운을 연상케 한다.

더위에 목이 말랐지만, 일단 돈을 아끼기로 결심한 이상 참을 수 있을 때까지 참기로 했다. 목적지는 태평양이 보이는 마리나베이, 싱가포르에서 가장 번화한 곳 중 하나다. 계속해서 길을 걸었다. 길을 건너고 건물들 사이를 돌고 돌았다. 나중에는 무더위에 지쳐 방향을 잃어버리고 말았다. 높은 습도, 작열하는 태양, 고온다습한 열대성기후 속에서 거리를 무작정 걷는 것처럼 무모한 일도 없을 것이다. 잠시 나무그늘 아래서 땀을 닦으며 지도를 들고 주변을 살펴보고 있을 때였다. 한 청년이 말을 걸어왔다.

"어디로 가려고 하는데요?"

청년은 자신의 이름을 대니라고 했다. 한자로는 장씨 성을 쓴다고 했다. 그러니까 우리식으로 부르자면, 장대니라는 청년이었다. 워낙 여러 나라에서 온 사람들로 붐비는 탓에 싱가포르 사람들은 외국인을 친절하게 대해 준다. 어디서 왔냐고 묻기에, 파리에서 왔으며 한국의 집으로 돌아가는 중이라고 말해 줬다. 그러자 그는 내가 한국 사람인 줄 첫눈에 알아봤다고 했다. 나는 목적지로 정한 마리나베이에 가는 방법을 그에게 물었다. 그러자 뜻밖의 대답이 돌아왔다.

"거기는 가지 마세요. 별로 볼 것도 없고."

대개는 낯선 외국인이 길을 물으면 가는 방법을 대충 설명해 주고 자기 갈 길을 가는 것이 보통이다. 그런데 장대니라는 이 친구는 달라도 한참 달랐다. 이것저것 꼬치꼬치 물어보고 자기 의견까지 말해줬다. 한마디로 마리나베이에 가면 볼 것도 없고 시간만 낭비할 거라는 얘기였다.

나는 솔직히 그의 호의가 부담스러웠다. 대충 말을 마무리하고 잘 가라는 인사를 건넨 뒤, 다시 길을 걷기 시작했다. 그런데 그 친구가 뒤를 따라오는 것 같았다. 가는 방향이 같겠거니 하는 마음이 들면서도 왠지 자꾸 뒤를 밟고 있는 것은 기분이 들었다. 나는 일부터 벤치에 앉아서 그가 앞으로 지나가길 기다렸다. 그런데 갑자기 그가 벤치에 다가와서는 내 옆에 털썩 주저앉았다. 정말이지 그때부터는 점점 그가 무서워지기까지 했다. 벤치에 앉자마자 그는 더 기가 막힌 이야기를 꺼냈다.

"이런 날씨에 걸어서 거기까지 간다는 것은 무모한 짓이에요. 그러지 말고 근처에 내 아파트가 있으니 거기 가서 샤워도 하고 좀 쉬었다 가세요."

그런 한마디에 덥석 "네, 고마워요" 하고 받아들일 수 있는 여행자는 세상에 없을 것이다. 사실 세계 여러 곳을 돌아다니며 많은 사람들을 만나봤지만 이런 친구는 처음이었다. 아니 길에서 만난 생면부지 낯선 외국인에게 자기 아파트로 가서 샤워를 하고 쉬었다가 가라는 말을 어떻게 서슴없이 꺼낼 수 있다는 말인가?

이상한 느낌을 넘어서 이젠 두려운 생각까지 들기 시작했다. 그러면서도 한편으로는 도대체 이 대니라는 청년이 어떤 사람인지 궁금해지기도 했다.

일단 제일 먼저 떠오른 생각은 게이였다. 만약 게이라면 이런 호의도 어느 정도는 납득할 수 있는 말이었다. 하지만 아무리 게이라 해도 자기 아파트로 가자는 말을 백주 대낮에 맨 정신으로 할 수는 없는 것 아닐까? 두번째로는 뭔가 범죄집단에 연루된 사람이라는 생각이었다. 하지만 가난한 배낭여행객의 가방을 털어봤자 나올 게 뻔한데 좀 터무니없는 상상이었다. 사실 가진 돈이라고 해야 3만 원 정도가 고작이었다. 마지막 세번째는 정신이상자였다. 그러나 잠시 동안이지만 이런저런 싱가포르의 정치나 경제에 대해서 이야기하는 것을 봐서는 미친 사람도 아닌 것 같았다. 도대체 이 친구는 누구이며 무엇 때문에 나에게 이런 호의를 베푸는 것일까? 호기심이 점점 커져만 갔다.

잠시 후 자리에서 일어나더니 그는 건너편에 있는 쇼핑몰로 가서 우동 한 그릇을 같이 먹자고 말을 건넸다. 사실 슬슬 배도 고프고 다리도 아파왔다. 무엇보다 푹푹 찌는 이 더위를 어떻게든 피하고 싶었다.

그를 따라서 쇼핑몰 안으로 들어서자 서늘한 에어컨 바람이 온몸을 감쌌다. 왜 진작 건물 안으로 들어와서 더위를 식힐 생각을 못했을까…. 그는 자기가 잘 아는 음식점이 있다며 나를 안내했다. 물론 음식값도 친절하게 모두 자기가 계산했다. 배고픈 김에 허겁지겁 우동 한 그릇을 다 비우자 이번에는 그가 옆에 있는 커피숍으로 옮기자고 말했다. 어차피 나야 남는 게 시간인 셈인데, 한번 얘기나 들어봐야겠다는 생각이 들었다. 없는 돈이지만 그래도 커피값은 내가 내야 할 것 같았다. 지갑에서 돈을 꺼내려고 하니 이번에도 그가 먼저 계산을 끝낸다. 머쓱한 표정으로 커피를 받아서 자리에 앉았다. 창밖으로는 바다 한가운데 수십 척의 화물선들이 점점이 떠 있는 모습이 보였다. 대니라는 그 친구도 건너편에 자리를 잡고 앉아 창문 너머 경치를 바라본다.

그날 우리가 나눈 이야기는 주로 싱가포르와 대한민국의 사회적인 이슈들에 관한 것이었다. 이야기를 하면서 생각보다 그가 대한민국에 대해서 아는 것이 많다는 것에 놀랐다. 무엇보다 그는 한국의 분단현실이나 이념적인 갈등, 한국전쟁과 일제 식민지 같은 역사에 대해서 나름대로 해박한 지식을 갖추고 있었다. 나는 프랑스에서 한국으로 돌아가는 이유와 내 조국이 처해 있는 경제적으로 어려운 상황에 대해서 설명을 곁들였다. 그는 모든 것을 다 알고 있는 눈빛으로 고개를 끄덕이며 나의 말을 끝까지 들어주었다. 그와 이야기를 나누면 나눌수록 앞서 그에 대해서 품었던 선입관이 모두 불순한 나의 오해에서 비롯된 것임을 금방 알 수 있었다. 번듯한 직장과 행복한 가정, 한 아이의 아빠. 대니라는 친구는 무엇 하나 부러울 것 없는 싱가포르의 평범하면서도 성실한 사람이었다. 나는 참고 참았던 질문을 그에게 던졌다.

"그런데 싱가포르 사람들은 당신처럼 모두 **외국 사람들에게 친절한가요?**"

그는 잠시 고개를 갸우뚱하더니 가벼운 미소를 지으며 커피 한 모금을 마셨다. 그리고는 이야기를 시작했다.

"작년에 한국에 갔었습니다. 우연한 기회에 함께 갔던 여행단체에서 벗어나 하루 동안 혼자서 이곳저곳을 돌아다녔습니다. 그러다 길을 잃어버렸지요. 게다가 지갑도 잃어버리고요. 정말 난감했었죠. 그때 나를 도와줬던 사람들을 잊을 수가 없어요. 오늘 내가 당신에게 해준 것처럼 그들도 나에게 그렇게 대해 줬습니다."

그랬었다. 그는 타국에서 어쩌다가 길을 잃고 헤매다 한국인들과 정을 나누는 기회를 얻었다. 서구적인 합리적 가치관에 길들여져 있던 대니에게 내 것 네 것을 엄격하게 가르지 않고 서로 도우는 한국인들의 생활모습은 적지 않은 충격으로 다가왔던 것이다.

"당신네 나라 사람들도 그렇게 하잖아요."

대니는 그날 밤 늦게까지 나와 함께 시간을 보내줬다. 바닷가를 함께 거닐기도 했고 시원한 맥주 몇 병을 사와서 벤치에 앉아 마시기도 했다. 그가 옆에 있음에도 불구하고 나는 사실 그때 혼자서 많은 생각을 했다. 어려움에 처한 나의 조국, 꿈을 접고 돌아가는 여정, 불과 몇 시간 전까지 지내던 프랑스에서의 생활들 그리고 악몽

같았던 23시간의 환승대기까지 모든 것이 짧은 한 순간에 다 일어
난 일처럼 느껴졌다. 생각할 것이 많을 수밖에 없었던 하루다.

그때 대니의 카메라가 번쩍 터졌다. 생각에 잠긴 나머지 사진 찍는
것도 몰랐다. 내친김에 기념사진 하나 같이 찍자고 했다. 지나가는
행인에게 사진촬영을 부탁했다. 어깨동무를 하고 같이 카메라 앞
에서 포즈를 취했다. 찰칵! 셔터소리와 동시에 눈이 부시게 번쩍하
고 카메라 플래시가 터졌다. 순간 정신이 번쩍 들었다. 손목에 찬
시계를 들여다보았다. 어느덧 시간은 밤 10시를 향해 가고 있었다.
'아니 벌써 이렇게 시간이 흘렀나?'

마지막 남은 맥주를 대니와 건배했다. 대니도 웃으며 잔을 마주 들
었다. 고생스러울 수밖에 없었던 그날 나의 하루는 내 앞에 있는
이 친구 장대니 덕에 편안하고 즐겁게 흘러갔다. 역시 시간의 상대
성이 맞다. 그에게 고마운 마음을 금할 수 없었다. 그리고 한국에
서 그에게 친절을 베풀었던 얼굴도 본 적 없는 사람들에게도 고마
움이 느껴졌다. 내가 모르는 낯선 사람에게서도 정을 나눌 수 있는
것, 이것이 바로 여행이 주는 또 하나의 묘미일 것이다.

귀국한 뒤로 또 새로운 생활을 준비하느라 몇 달이 훌쩍 지나갔다.
그러던 어느 날 한 통의 국제우편을 받았다. 발신처는 싱가포르,
바로 대니였다. 편지봉투를 뜯자 볼펜으로 꾹꾹 눌러 써내려간 편

지지 사이로 사진 한 장이 흘러 나왔다. 기다림에 힘들고 지쳐 보이기는 했지만, 그 순간 사진 속의 나는 환하게 웃고 있었다.

요즘에야 간단하게 인터넷 메일로 클릭 몇 번이면 날아가는 편지지만, 그래도 '장대니'라고 직접 써놓은 편지봉투를 받는 기쁨에는 비할 바 못될 것이다.

농투사니[+] 들의 유럽 시골여행

"여권 좀 보여주시겠습니까?"

프랑스 파리 북역을 출발한 기차가 독일 국경을 통과한다는 안내 방송이 있고 나서 한 5분이 흘렀을까? 회색 점퍼와 녹색 모자를 쓴 정복차림의 독일 경찰 두 명이 우리 일행에게 다가와 통명스럽게 말을 걸었다. 우리는 주섬주섬 각자의 가방에서 여권을 꺼냈다.

자동차나 비행기와 달리 기차를 타면 국경을 통과한다는 실감이 나지 않는 게 보통이다. 도로의 경우에는 국경 검문소 혹은 적어도 국경을 통과한다는 표지판 정도는 세워져 있는 게 보통이다. 비행기를 타고 내릴 때는 공항 출입국관리소가 일종의 검문소 역할을 한다.

하지만 기차의 경우에는 사정이 다르다. 달리는 열차를 세워서 검문을 하기도 힘들거니와 검문만을 목적으로 하는 정거장을 따로

농투사니 들의 유럽 시골여행

+ 농부를 뜻하는 '농투성이'의 사투리.

만들기도 어렵다. 아예 우리들의 머릿속에는 기차 검문소라는 이미지도 존재하지 않는다. 게다가 유럽연합 출범 이후 유럽 내부에서 국경선이란 개념이 유명무실해진 지도 오래다. 그러니 갑작스런 독일 경찰들의 출현에 놀라고 당황한 것은 당연했다. 여권을 받아든 경찰들은 일일이 꼼꼼하게 무언가를 체크하기 시작했다.

"여기 계신 두 분은 여권에 찍힌 스탬프(입국확인 도장)가 이상하네요."

그 말 한마디에 이유 없이 긴장감이 흘렀다.

필시 저들은 처음부터 우리 일행 모두를 의심의 눈초리로 바라보고 있었던 게 분명했다. 모두 열 명이나 되는 아시아 남성들이 우르르 모여 있는 게 애당초 시선을 끌었던 것 같다. 그 열 명 중 나와 카메라맨을 제외한 나머지 여덟 명은 모두 유럽 땅을 처음 밟는 중년의 아저씨들이었다. 까무잡잡한 얼굴에 후줄근하다 못해 남루해 보이기까지 한 옷차림, 게다가 한국에서 갖고 온 팩소주 몇 병을 들이켠 탓에 얼굴은 하나같이 불그스레하다. 뭔가 일이 심상치 않게 돌아감을 우리 모두는 직감했다.

경찰은 허리춤에 차고 있던 무전기를 꺼내 알아듣기 힘든 말로 자기들끼리 뭐라고 주고받는다. 지원요청이라도 하는 분위기다. 독일어 억양이 원래 조금 억세게 들리는 것은 사실이지만, 상황이 상황인지라 살벌한 느낌마저 들었다. 순간 유럽에 돈 벌러 온 불법체

류자들이라고 판단하고 단속하려는 것이 아닌가 하는 생각이 머리를 스쳤다.

그들은 여권에 문제가 있다고 지명한 아저씨들 앞으로 성큼 다가섰다. 덩치 큰 경찰 두 명이 가로막아 서자 그 앞의 두 사람은 아예 모습조차 보이지 않았다. 어깨너머로 겁먹고 주눅든 표정이 언뜻 언뜻 보일 뿐이었다. 함께 여정에 참가했던 통역사도 잔뜩 긴장한 표정으로 경찰들 옆으로 다가갔다. 이윽고 본격적으로 심문이 시작됐다.

"직업이 무엇인가요?"
"농사짓고 있습니다."
"농사? 어떤 것을 재배하죠?"
"쌀을 주로 재배합니다."
"독일에는 왜 갑니까?"
"농장에 견학 갑니다."
"그런데 여기 여권에 스탬프가 안 찍혀 있는 거 아세요?"

점점 분위기가 험악해져 갔다. 어쩔 수 없이 이번 여행의 목적에 대해서 내가 나서서 설명을 하지 않으면 안 되는 상황이 된 듯했다. 자리에서 일어나 독일 경찰들 앞으로 다가갔다.

"한국에서 유럽의 교육체험농장을 취재하기 위해 온 농민들입니다. 저희는 이분들을 취재하기 위해 함께하고 있는 취재팀이구요."

내 말이 끝나기가 무섭게 카메라맨은 일부러 보란 듯이 카메라 케이스를 열어서 안에 들어 있는 촬영장비들을 끄집어 들어올렸다. 그제야 딱딱하기만 하던 그들의 표정도 조금 누그러졌다.

나는 독일 교육체험농장들에 미리 보내놓은 취재요청서와 몇 장의 이메일 자료들을 제시했다. 그중에는 한국에서 오는 방문객들을 환영한다는 메일도 몇 개 포함되어 있었다. 덧붙여 나는 이번에 유럽에 들어오는 과정에서 일행 몇 사람이 다른 항공편으로 늦게 합류했다는 사실도 알려줬다. 그 과정에서 아마 문제가 있었지 않았겠냐고 넌지시 미소도 지어 보였다. 조금씩 분위기가 풀어지기 시작했다.

잠시 후 경찰들 손에 움켜져 있던 여권 두 개가 무사히 농민들의 손으로 돌아왔다. 볼일을 마친 경찰들도 우람한 몸집을 뒤뚱거리며 다른 칸으로 사라졌다. 모두들 안도의 숨을 내쉬었다.

"여권에 어떻게 도장이 안 찍혀 있을 수 있느냐." "그러길래 처음부터 같이 비행기 타자고 하지 않았냐." 다들 저마다 한마디씩 떠들어대기 시작하자 기차 안은 조금 전의 시끌벅적한 분위기로 다시 돌아갔다.

11박 12일, 짧지도 길지도 않은 이번 여정은 나에게 있어서도 아주 색다른 여행이다. 도시에서 나고 자란 내가 농민들과 함께 유럽을 여행하게 될 줄은 상상도 해본 적이 없다. 원래 일행이 많으면 그만큼 탈도 많은 법, 어느 정도 어려움이 따르리라는 것을 예상은 했지만 출발부터 이렇게 삐걱댈 줄은 몰랐다.

솔직히 나에게 농민들과의 여행이란 그다지 매력적인 일은 아니었다. 다만 유럽의 농촌마을들을 둘러볼 기회가 생겼다는 말에 귀가 솔깃했다. 늘 그렇지만 여행에서는 언제나 도시가 중심이 된다. 취재를 목적으로 한 여행도 마찬가지다. 그러다 보니 시골 전원풍경은 차창 밖으로 보는 게 전부였다. 그림엽서에서처럼 끝없이 펼쳐져 있는 유럽의 녹색 벌판, 옹기종기 모여 있는 전원주택들은 카메라를 사정없이 돌려댈 만큼 매력적인 이미지다. 하지만 그런 시골 마을을 직접 방문해 본 적은 한번도 없었다. 그러니 일정 내내 시골만 다닌다는 말에 귀가 솔깃할 수밖에. 하지만 나의 낭만적인 동기와 달리 저들에게는 나보다 더 **절박하고 특별한 이유**가 있었다.

1993년 우루과이라운드 협상에서 농산물에 대한 관세장벽이 철폐되면서 전세계 농업은 말 그대로 무한 경쟁시대로 접어들었다. 대규모 기계농업으로 공장에서 물건 만들듯 곡식을 생산하는 농업과 달리, 사람들의 손으로 가꾸는 전통적인 농업방식은 땅의 소중함을 배우는 것에서 출발한다. 그들은 땅의 주인이 인간이 아니라 자연이라는 사실을 누구보다 잘 알고 있는 사람들이다. 그렇기 때문에 지금까지 어느 곳에서나 농업은 늘 인간의 삶을 유지시켜 주는 소중한 가치로 여겨져 왔다. 그런데 이런 작은 농촌마을들이 농산물시장 개방으로 생사의 기로에 놓이게 된 것이다.

그렇게 **위기감**이 현실이 되어갈 즈음이었다. 어느 날 나에게 한 가지 제안이 들어왔다. 당시로서는 생소하기만 했던 유럽의 '교육체험농장'들을 취재해 달라는 요청이었다. 교육체험농장(Les Fermes Pédagogiques)이란 말 그대로 시골농장이 아이들을 위한 교육현장으로 활용되는 것을 말한다. 농촌이 처한 위기를 극복하기 위한 대안으로 시작해서 이제는 **유럽 농촌의 독특한 문화**로 자리를 잡았다.

얼핏 들으면 기존의 농촌체험이나 생태교육과 뭐가 다를까 하는 생각이 들 수도 있다. 하지만 사실 교육체험농장은 몇 가지 측면에서 중요한 차이점이 있다.
우선, 일회적인 농촌방문 체험과 달리 정규 교과과정으로 제도화되어 있다는 점을 들 수 있다. 이를 위해서 정부의 교육기관, 일선 학교가 농민들과 함께 교육 프로그램을 짜고 운영에 필요한 여러 가지 지원 시스템을 마련한다. 아이들이 단순히 농촌에 가서 색다른 체험을 한번 하고 돌아온다는 식의 일회적인 농촌방문이 아니라 농촌과 교육현장의 지속 가능한 발전을 추구한다는 점에서 큰 차이가 있다.

이런 결과 프랑스와 독일 등지에서는 오래 전부터 교육체험농장 프로그램이 공식적인 학교 교육과정으로서 자리를 잡았다. 프랑스에서는 아예 정부의 공식적인 농업지원 활동의 하나로 규정하고 세금감면이나 사업규제 완화 등의 지원책까지 마련해 놓고 있다. 그에 따라 프랑스 교육체험농장은 1994년 500개에서 현재는 약 1500개로 꾸준히 증가했다. 교육과정 자체도 자연과 생태, 환경이라는 주제를 활용해서 언어·수학·과학·사회·역사·천문·지리·예술·창작까지 모든 교육부문을 망라할 정도로 체계적이다. 자연을 통해 인간이 지식을 배우고 지혜를 얻었던 오랜 전통 그대로 학습이 이뤄지고 있는 것이다.

원래 계획은 보통 때처럼 취재진이 중심이 되어서 교육체험농장을 방문하여 현장을 답사하는 방식을 생각했었다. 그런데 교육체험농장에 대한 자료조사를 할수록 이번 작업만큼은 저널리스트의 시선이 아니라 농민들의 시선으로 접근하는 것이 좋겠다는 판단이 들었다.

농업의 위기를 온몸으로 느끼고 있는 농민 스스로의 눈으로 현장을 바라보는 것이야말로 더 현실감 있고 생생한 리포트가 될 것이기 때문이다.

그렇게 해서 나는 평소 유럽 교육체험농장 사업에 관심을 갖고 있던 충북의 한 농민단체 회원들과 함께 유럽 교육체험농장 견학팀을 짰다. 참가자는 모두 10명, 농사에서 잔뼈가 굵은 농업의 베테랑들이었다. 그렇게 평생 농사만 짓던 그들에게 농업의 위기는 곧 생존의 위기였다. 남들 눈에는 사치스런 유럽 여행으로 보일지 모르지만, 적어도 그들에게는 절박한 사정 하나씩을 마음에 품고 떠나는 여행이기도 했다.

농업의 미래에 대한 불안감으로 시작한 그들의 여행과 낭만적인 시골 전원을 기대하며 떠나는 나의 여행이 출발부터 같을 수는 없었다. 내 눈에는 그래서 모든 게 낯설고 어색했다.

유럽에 도착한 뒤, 우리 일행은 이동수단을 무엇으로 할 것인가부터 결정해야 했다. 도시 안에서 이동할 때는 당연히 지하철이나 버스를 이용하는 게 편하겠지만, 우리가 방문할 장소들은 하나같이 도시 밖 교외에 자리 잡고 있는 농장들이다.

게다가 열 명이나 되는 적지 않은 인원이 별 탈 없이 정해진 일정을

소화하려면 아무래도 봉고차 같은 큰 차 한 대는 있어야 했다. 뿐
더러 짐도 문제였다. 정해진 숙소에서 방문할 곳을 왔다갔다하는
게 아니라 계속해서 옮겨다녀야 하기 때문이었다. 매번 무거운 짐
을 끌고 대중교통을 이용해서 이동을 한다는 건 생각만큼 쉬운 일
도 아니다. 자동차 빌리는 비용이 만만치 않겠지만, 그래도 여러
가지를 따져보면 피할 수 없는 선택이었다.

물어물어 렌터카 서비스를 이용할 수 있는 업소를 찾아갔다. 담당
직원이 내미는 서류를 작성하고 즉석에서 십시일반으로 현금을 모
아서 비용을 지불했다. 접수처에 앉아 있던 직원은 열 명이나 되는
동양인 아저씨들이 렌터카를 가지고 여행하는 것이 생소한 듯 이
것저것 궁금한 것을 계속 물어왔다.

나는 직업란에 그냥 '농민'이라고 적어 보이며 대답을 대신했다. 그
런데 그게 화근이었다. 담당직원은 우리가 농민이라고 하자 갑자
기 정색을 하며 자리에서 일어섰다.

"농민들이셨군요. 여행하러 오셨어요?"

렌터카 서비스업체 직원이 갑자기 자리에서 일어나는 것에도 모두
가 놀랄 수밖에 없었다. 하지만 그가 벌떡 일어선 것은 다른 이유
때문이었다.

그는 자신의 아버지도 농부였다고 말하면서 환하게 웃어 보였다.

농부야말로 세상에서 가장 훌륭한 사람이며 프랑스에서는 농부가 최고라는 말도 아끼지 않았다. 농사를 지었다는 자기 아버지 얘기를 할 때는 강한 자부심을 풍기기까지 했다. 예술과 문화의 나라이며 최신 패션과 유행을 선도하고 있는 나라이지만, 역시 프랑스는 농업에 기반을 둔 사회라는 것을 느낄 수 있었다.

그와 작별을 하고 서둘러 승합차에 탑승했다. 겉보기에는 큰 차였지만 승합차 맨 뒷좌석을 떼어내고 짐을 실어야 했기 때문에 8개 좌석밖에 없는 비좁은 공간이었다. 어쩔 수 없이 서로 몸을 좁혀서 조금씩 자리를 양보했다. 운전대는 트럭운전 30년 경력의 마을 이장님이 맡았다. 이장님은 능숙하게 시동을 걸더니 드디어 낯선 프랑스 땅으로 승합차를 몰고 나갔다. 우리 모두는 박수로 우리의 출발을 축하했다.

파리에서 국도를 따라 2시간쯤 달리자 낯익은 표지판 하나가 일행을 맞이했다. 바로 베르사유 궁전을 알리는 진입로였다. 프랑스 절대왕정의 힘과 권위가 한눈에 드러나는 웅장한 궁전 베르사유. 우리는 베르사유 궁전을 알리는 표지판을 그냥 스쳐 지나갔다. 아마 여기까지 와서 베르사유 궁전을 구경도 해보지 않고 스쳐가 버리는 사람들은 없을 것이다. 하지만 우리의 목적지는 그런 곳이 아니었다.

잠시 후 프랑스 정부가 운영하는 국영 교육체험농장에 도착했다. 잘 포장된 도로, 길옆의 우거진 숲, 숲속에는 철조망 안에서 사슴들이 뛰어놀고 있다. 만약 아이들과 함께 이곳에 왔다면 농장을 들어서자마자 아마 난리가 났을 것이다. 50여 마리의 크고 작은 사슴들이 떼 지어 뛰어다니는 자유로운 방목장이 입구에서부터 일행을 반겼다.

먼저 이곳에 도착한 프랑스 아이들은 조막손에 빵조각을 들고 사슴에게 먹이를 주느라 여념이 없었다. 시골 농장하면 더럽고 냄새 나는 곳이라는 선입견을 갖고 있는 아이들을 위한 사소하지만 적절한 배려가 아닐까 하는 생각이 들었다.

조금 있으니 우리를 안내할 농장직원이 나왔다. 자신의 이름을 자크라고 소개한 그는 이곳에서 농장을 처음 방문하는 외부인들을 안내하는 가이드 역할을 맡고 있다. 그와 인사를 나누고 있는데 어디선가 따닥따닥 하는 소리가 들렸다. 말이 끄는 마차였다. 동화책에서나 본 듯한 모양의 마차들이 우리 쪽으로 다가왔다. 아스팔트로 포장된 딱딱한 도로 위에 편자를 박은 말굽들이 부딪히면서 내는 소리는 마치 실로폰 두드리는 소리처럼 경쾌한 리듬감이 있었다. 그런데 가만히 보니 마차의 고삐를 잡고 있는 것은 놀랍게도 아이들이었다. 옆자리에 앉은 농장직원은 그저 팔짱을 끼고 빙그

레 미소만 짓고 있을 뿐, 마차를 몰고 있는 것은 아이들이었다.

재잘거리는 소리가 점점 커지면서 커다란 마차바퀴들이 우리 일행을 지나쳤다. 자동차에 익숙한 아이들에게는 마차를 구경하는 일도 쉽지 않을 텐데, 마차를 직접 몰아볼 기회까지 얻는다는 것은 아마 아이들 입장에서는 크리스마스 때 산타클로스 할아버지를 눈앞에서 직접 만나는 것만큼이나 놀랍고 신나는 일일 것이다.

농장은 **안으로 들어갈수록** 점입가경이었다. 안내원을 따라서 담장 문을 열고 들어간 곳은 우리가 먹는 야채나 과일을 재배하는 밭이었다. 그곳에서도 주인공은 역시 아이들이었다. 토마토며 호박이며 포도, 사과에 이르기까지 아이들은 자기가 좋아하는 것을 밭에 심고 각자 이름을 적었다.

어딜 가나 카메라를 보면 흥분하는 게 아이들이다. 아이들은 카메라 앞에서 웃고 떠들며 별별 포즈를 다 취해 보였다.

한 아이가 나에게로 다가오더니 좀체 알아들을 수 없는 프랑스어로 이야기를 한다. 뭔가 잔뜩 자랑할 것이 있는 표정이다. 옆에 있는 통역사에게 무슨 뜻인지 통역해 달라고 했다. 그런데 통역사도 고개를 갸우뚱했다. 못 알아들었다는 뜻이다. 통역사는 아이에게 한번 더 말을 해달라고 요청을 했다. 아이는 숨을 한번 고르더니 다시 똑같은 말을 속사포처럼 쏟아내기 시작했다. 그제야 통역사가 귓속말로 얘기를 했다.

"지금 이 아이가 하는 말이 … 나무를 접붙여 키우는 방법에 대해 설명을 하고 있는데요. 전문용어들이 너무 많아서 솔직히 정확하게 이해가 안 되네요. 미안하지만 나중에 한국에 돌아가서 해석을 다시 하는 게 좋겠어요."

무슨 말인지 이해는 되지 않았지만, 아무튼 여남은 살쯤 되어 보이는 아이가 자신이 접붙이기를 한 나무에 대해서 이렇게 해박한 지식을 갖고 있다는 게 놀라울 따름이었다.

여기선 힘 센 아이가 대장이 되는 게 아니라 나무를 가장 잘 아이가 대장 노릇을 하고 있었다. 아이는 자랑스러워하는 표정을 감추지 않고 자기 키운 나무들을 계속해서 보여줬다. 이곳을 3년 동안 매주 빠지지 않고 다니다 보니 어느새 나무도사가 다 된 것이다.

사과밭 너머에서는 한 무리의 아이들이 저마다 토마토 바구니를 들고 모여들고 있었다. 자신들이 재배한 토마토를 하나 가득 담아 와서는 우물물 길을 때 쓰는 두레박처럼 생긴 나무통에 집어넣기 시작했다. 가까이 가보니 주스를 만드는 기계다. 일종의 믹서기인 셈인데 모양새는 한눈으로 봐도 오래된 방식 그대로였다. 옛날사람들이 만들어 먹던 방식으로 토마토 주스를 만들고 있는 중이었다. 아이들이 나무통의 뚜껑을 덮자 통 옆에는 손잡이를 돌려서 끼울 수 있는 고리가 보였다. 거기에 손잡이를 넣고 돌리면 통이 돌아가도록 만들어져 있었다.

신나게 손잡이를 돌리는 아이들, 잠시 후 통 속에는 발그스름한 토마토 주스가 한가득 고였다. 성미 급한 녀석들은 벌써 유리잔에 주스를 따라서 벌컥벌컥 마셔댔다. 옷은 온통 토마토 즙으로 물들고 머리부터 발끝까지 흙투성이였지만 그래도 뭐가 좋은지 마냥 행복한 표정들이다.

아이들은 옆에서 구경하고 있는 우리 일행을 보고는 가까이 오라고 손짓을 했다. 서로 말은 통하지 않지만 한국에서 온 아저씨들도 어느새 아이들을 도와 토마토 주스랑 포도 주스를 만들고 있었다. 아이들은 놀라울 정도로 낯선 이방인에게 친숙함을 보였다. 순식간에 아이나 어른 할 것 없이 허물없는 친구가 되었다. 나는 농장 안내를 맡은 자크에게 다가가 몇 가지 인터뷰를 요청했다.

"중요한 것은 지속성(sustainable)입니다. 일회적으로 한번 방문하는 것으로는 다 얻을 수 없는 것이 땅의 가르침이니까요."

사실 요즘 유럽의 환경과 교육에서 이 '지속 가능성'(sustain-ability)을 빼면 얘기가 안 된다. 환경문제에나 어울릴 것 같은 단어인 '지속 가능성' 혹은 '지속 가능한 발전'에 대한 고민은 이제 정치나 문화생활 전반에까지 범위가 확장되고 있는 추세다. 중요한 것은 이런 지속 가능한 발전을 위해 시작된 고민들이 기존의 가치와 충돌하지 않고 전혀 색다른 새로운 가치들을 만들어내고 있다는 점이다. 교육체험농장에서도 그 변화를 실감할 수 있었다.

아이들은 **자기 이름을 걸고** 나무를 심고 또 야채를 재배했다. 모든 것에는 아이들의 이름표가 붙어 있었다. 그리고 아이들은 나무에도 이름을 지어줬다. 마치 애완견에게 이름을 붙여주듯 자신이 심은 나무 한 그루에도 이름을 붙여주었다. 다른 존재에 이름을 붙여준다는 것, 그것은 곧 그 존재를 사랑하게 됨을 의미하는 것은 아닐까? 그렇게 아이들은 하나의 씨앗이 땅에 심어져 싹이 나고 줄기를 뻗고 나무가 되는 전과정과 함께한다.
더 잘 자라는 나무를 가꾸기 위해서는 열심히 땀 흘려야 한다는 것도 배운다. 노력한 만큼 열매도 많이 얻을 수 있다는 사실을 깨닫는다. 교실에서 배울 수 없는 땀의 가치를 땅에서 배워나간다.

이 농장이 기계보다 **사람의 손으로 움직이는 농기구**를 더 많이 사용하는 이유도 여기에 있었다. 그저 눈으로 땅을 바라보는 것은 사진으로 땅을 구경하는 것과 크게 다를 것이 없다. 하지만 그 땅속에 손을 묻고 질퍽한 흙의 물성을 경험하는 것은 질적으로 다른 차원의 일이다. 그건 오직 손에 흙을 묻힌 아이들만의 특권이고 그런 아이들에게서는 분명 차이가 느껴진다.

"방금 전에 보았던 주스 만드는 나무통도 만든 지 아마 한 70~80년
은 된 골동품이에요. 아이들은 물론이고 어른들도 옛날에 이런 도
구를 이용해서 주스를 만들었다는 걸 아는 사람이 없죠. 우리는 이
것도 교육이라고 믿고 있어요. 이곳에서는 이런 도구들이 고장 나
면 아이들과 함께 직접 고치기도 합니다. 자연히 도구에 대한 이해
력도 높아지는 거죠."

그는 자신의 말을 증명하려는 듯 오직 자연에서 힘을 얻
고 사람의 손으로 움직이는 농기구들이 가득한 창고로 우리를 안
내했다. 이름조차 모르는 수많은 도구들이 박물관처럼 가지런히
자리를 잡고 있는 곳, 그곳에 기계는 없었다.

그런데 더 놀라운 것은 이 도구들을 가지고 아이들과 함께 역사를
공부한다는 사실이었다. 그들이 처음 교육체험농장의 프로그램을
짤 때 가장 절실하게 필요했던 것은 학교교실에서 배울 수 없는 농
촌만의 독창적인 교육 콘텐츠였다. 마침내 그들은 농기구들 속에
서 숨겨져 있는 역사의 흔적들을 하나둘 찾아냈다. 농기구들을 통
한 역사교육은 독창적일 뿐만 아니라 생생한 삶의 현장감을 느끼
게 해주었다.

역사는 어떤 관점으로 이해하느냐가 중요한 학문이다. 그래서 역사학자들은 사관(史觀)에 집착하기도 한다. 전쟁과 대립의 잔해 속에서는 파괴적인 역사관이 싹을 틔울 수밖에 없다. 옛 왕궁의 터, 화려한 장식물들 속에서 우리가 보는 것은 왕과 영웅의 역사다.

그런데 만약 농사짓는 도구를 중심으로 역사를 이해한다면, 그것은 곧 노동의 역사이며 개인의 역사가 되지 않겠는가. 그들은 농기구 하나에서도 그 안에 담겨 있는 농민들의 삶과 애환을 함께 이야기했다. 포도 주스를 짜는 나무통을 놓고서 작은 힘으로도 큰 결실을 얻는 농부들의 지혜를 들려주었다. 역사를 프랑스혁명만을 중심으로 이해하려 했던 프랑스인들에게 일어난 새로운 변화였다.

나에게는 그렇게 작은 농기구 하나를 놓고서 프랑스의 역사를 배워나가는 것이 그저 놀랍기만 했다. 이런 보잘 것 없는 작은 것들을 통해 큰 교육을 한다는 사실 자체가 놀라웠다. 어떻게 이런 토론과 교육이 가능할 수 있을까? 결국 거기서 절대적으로 중요한 존재가 하나 자리를 잡는다. 바로 교사이다.

유럽의 교육체험농장은 그 모습 그대로 한국으로 옮겨올 수 있다. 하지만 교육체험농장이 아이들에게 흥미로운 교육의 현장으로 자리를 잡기 위해서는 교사가 중요하다는 사실을 우리 일행은 그곳에서 깨달았다.

참고로 말하지만 프랑스 교육체험농장의 교사들은 대부분 농민이다. 사실 농민들이 아이들을 가르칠 수 있을 정도로 실력을 쌓는다는 것은 쉽지 않은 일이다. 그만큼 교육체험농장을 단순히 형식적인 견학장소로 생각하지 않고 아이들의 학교수업과 연계가 될 수 있도록 연구하고 꾸준히 공부를 게을리 하지 않은 노력의 결과다. 또 한편으로는 대학원 석사 이상의 학력을 가진 전문인력이 농촌체험농장의 교사가 되어 농촌으로 복귀한다. 둘 중 어느 쪽이든 농촌에 열정을 지닌 전문가들이 아이들의 교사가 된다는 점에서는 차이가 없다.

두번째 방문지였던 한 농장에서 우리는 천문대도 구경했다. 사이즈만 작았을 뿐이지 전문가들이 이용하는 천문대와 구조와 기능 면에서 다를 것이 없는 아주 훌륭한 천문대였다. 그것은 원래 별자리 관측에 관심이 많았던 농장주인의 오랜 꿈이기도 했다.

도심의 휘황찬란한 불빛 속에서 제대로 볼 수 없던 별자리를 시골마을에서는 쉽게 찾아볼 수 있다. 도시의 불빛이 사라진 곳에서 별빛들은 자기 빛을 찾고 있었다. 그곳에서 농장주인은 어릴 적부터 동경했던 별의 세계를 아이들과 함께 관찰한다. 그것도 자신의 힘으로 직접 재료를 사다가 천문대를 만들었다는 말에 우리 일행은 모두 입이 다물어지지 않았다. 철판에 구멍을 뚫어 별자리를 만들고 커다란 백열전구를 설치해서 태양의 빛을 대신했다. 쓰다버린 가구들을 뜯어내 아이들이 편안히 앉을 수 있는 의자를 만들었다. 마치 어미새들이 나뭇가지를 물고 와 하나하나 둥지를 만들 듯 그는 그렇게 천문대를 완성했다. 모든 것을 돈을 주고 부품을 산 것이 아니라 쓰지 않는 물건들을 재활용해서 만들었다는 점에서 더 의미 있는 작업이었다.

농장주인은 숙소도 아이들을 위해서 **특별히 설계**를 했다. 아이들이 묵고 갈 수 있도록 만들어진 숙소에 들어가 보니 한쪽 벽면이 45도 각도로 비스듬히 내려앉아 있었다. 궁금해서 가까이 다가가서 살펴보니 콘크리트 벽면을 떼어버리고 그곳에 유리창을 설치했다. 아이들이 침대에 누워서도 별을 볼 수 있게 설계한 것이다. 깊은 밤 아이들이 잠자리에 들기 위해 침대에 눕는 순간 머리 위에서 쏟아지는 별을 바라본다고 상상을 하니, 나도 모르게 온몸에 짜릿한 전율이 느껴졌다. 어른인 나도 그 침대에 누워 별을 보면서 잠들고 싶은 마음이 생길 정도였다.

그날 밤 숙소로 돌아온 일행은 다른 날보다 훨씬 일찍 잠자리에 들었다. 매일 소주를 마시며 떠들썩했던 잠자리 대신 모두 조용히 잠이 들었다. 그날은 생각할 것들이 참 많았던 하루였다.

아저씨들과의 여행은 힘들지만 순식간에 지나갔다. 볼 것도 많았고 그만큼 느낀 것도 많았다. 우리는 프랑스에서의 마지막 행선지로 교육체험농장의 이론적인 기초를 만들었다고 평가받고 있는 질 살라르(Gilles Sallard)씨를 만나기 위해 길을 떠났다. 그리고 그를 통해서 우리는 한 가지 새로운 사실과 만나게 되었다. 교육체험농장이라는 것이 원래 아주 오래된 유럽의 지적 전통에서 이어져 내려왔다는 사실이다. 우리는 농업이 처한 어려운 현실을 극복하기 위한 대안으로 교육체험농장을 생각해 본 적은 있어도, 그것이 유럽의 사상과 연결되고 있으리란 생각까지는 못했다.

놀랍게도 유럽의 농업은 사상과 연결되면서 늘 변화가 시작되었다. 결국 모든 것은 사람이 판단을 내리고 사람이 결정한다. 사람의 생각이 그것을 좌우한다. 철학의 역할은 농업에서도 그만큼 중요한 기초를 이루고 있었다.

유럽의 교육체험농장은 18세기로 거슬러 올라가 루소에서부터 출발한다. 18세기 자연주의 철학이 바로 그것이다. "자연으로 돌아가라"라는 말로 유명한 루소의 사상은 원래 말 그대로 자연을 배움의 터전으로 인식하려는 의도에서 그 토대가 만들어졌다. 그는 가장 효과적인 교육은 자연의 존재들로부터 감각을 얻는 것이라고 믿었다.

이런 감각을 일깨우는 데 가장 좋은 환경은 농촌이다. 농촌에서는 해가 어디서, 언제 뜨는지가 중요하다. 도시에서는 해가 언제 뜨는지보다는 몇 시에 뜨는지가 중요하다. 해라기보다는, 그래서 태양이라고 부른다. 태양에 관한 정보 역시 쓰이는 용도가 농촌과는 사뭇 다르다. 곡식을 키우기 위한 햇볕이 아니라 아이들은 시험을 잘 보기 위해서 때로는 태양의 지름까지 외우고 있어야 한다.

하지만 농촌에서는 관계가 더 중요하다. 인간과 자연의 관계, 자연과 자연의 관계, 그 관계가 제대로 맺어지면 풍성한 결실을 얻는 것이고 그 반대의 경우에는 결실도 없다. 그 관계의 중심에 자연이 있다. 인간은 결코 중심이 아니다. 중심은 어디까지나 자연 그 자체다. 따라서 인간은 오만할 수가 없다. 자연의 순리를 배우고 자연의 사물들과 좋은 관계를 맺는 것을 배우는 것이다. 자연 속에서 이것은 배우는 것이 아니라 몸으로 체험하는 것이다.

결국 아이들은 이것을 통해 타인과의 관계를 배운다. 타인을 존중하고 생명을 존중하는 법을 배운다. 그리고 가장 중요한 것, 바로 자기 자신을 존중하는 것을 배운다. 도시에서 숨가쁘게 경쟁하는 법을 가르칠 때, 이곳에서는 협력을 가르친다. 백과사전의 지식과 정보를 주입한다고 해서 얻을 수 없는 것을 아이들은 이곳에서 경험한다. 그것이 바로 자연의 위대함이다.

뿐만 아니라 아이들은 사물을 세밀하게 관찰하는 법도 배운다. 큰 틀에서 사고하는 법을 배울 뿐 아니라 작고 미세한 곤충, 벌레, 잎사귀, 싹 들에서도 배운다. 이것은 아이들이 스스로 지식을 습득하는 방법을 깨닫는 과정과 다르지 않다. 학원에서 문제 푸는 법을 열심히 배운다고 해서 결코 얻어지지 않는 지식을 얻는 방법을 아이들은 무의식중에 배운다. 자연에서 배운 아이들은 그래서 주의 깊게 사고를 할 수 있는 힘도 그만큼 세다.

18세기 자연주의 사상가들은 바로 이런 점을 간파하고 있었다. 인간은 자연에 가까이 다가갈수록 공교롭게도 더욱 인간다워졌다. 그리고 자각하고 깨어났다. 그래서 근대이성의 힘이 공장이 아니라 농촌과 자연에 나왔다는 농민들의 말을 부정할 근거를 나는 쉽게 찾을 수 없었다.

그렇게 우리 일행은 교육체험농장을 통해서 농업의 미래가 아니라 **인간의 미래**를 발견했다. 그들은 우리를 끊임없이 긴장시키고 놀라게 했다. 끝으로 우리는 교육체험농장이 자체 제작해서 학교에 배포한 농촌체험교육 교과서를 한 권씩 손에 들었다. 그 교과서는 일선 학교에서 아이들이 배우는 과정을 그대로 담고 있다. 수학이 있고 문학과 과학, 음악과 미술도 있다. 방법만 다를 뿐 교육 과정이 담고 있는 내용은 어느 나라 아이들의 보통 교과서와 비교해 보아도 다를 바 없다. 목적은 같지만 그 목적지를 찾아나가는 방식이 다른 것이다.

어느 곳을 가든 신선한 공기를 마시며 뛰어노는 것만으로도 이미 아이들은 건강하고 행복해 보인다. 할 수만 있다면 나의 아이들에게도 저런 교육을 받게 하고 싶은 것이 학부모로서 우리 일행이 느끼는 감정이었다.

그렇게 11박 12일 일정 동안 우리의 여행은 저마다의 마음속에 작은 선물꾸러미를 하나씩 안겨주었다. 처음에는 서먹서먹하기만 했던 농부아저씨들이 이젠 옆집 형님처럼 스스럼없이 편해졌다.

때로는 어색하고 낯선 사람들과의 여행도 어떤 마음으로 대하느냐에 따라서 큰 차이를 가져온다. 농부들과 함께 한 유럽의 시골여행이 바로 그런 여행이었다. 생각해 보면 내가 그들에게 유럽의 교육 체험농장을 안내한 것이 아니라, 그들을 통해서 내가 자연으로 인도되는 길을 안내받은 것 같은 기분이 든다.

전세계에는 대략 5만 개의 공항이 있다. 매일같이 이 5만 개의 공항을 통해 수많은 비행기들이 뜨고 내린다. 비즈니스를 목적으로 하건, 가족과 친지를 만나기 위해서건 어쨌든 우리는 국경을 넘기 위해서는 공항으로 들어가야 하고 또 공항을 빠져 나와야 한다.

공항은 그래서 오늘날 세계와 소통하는 관문이다. 가장 크고 가장 안전하고 가장 번잡한 장소가 공항일 수밖에 없는 이유가 여기에 있다. 적어도 공항에서는 누구에게나 똑같이 자유로운 권리가 보장된다.

공항으로 향하는 길에서 우리가 느끼는 잠깐의 긴장과 불안은 곧 있을 낯선 환경으로의 진입 전에 치르는 일종의 통과의례다. 현대인의 일상 가운데 자신의 짐을 속속들이 누군가에게 보여줘야 하는 순간은 거의 없다. 심지어 엑스선 투시기 앞에서 강제로 신체부위를 적나라하게 노출시켜야 하는 일도 없다. 때로는 눈을 기계에 대고 동공 검사를 받아야 한다거나 몸에서 열이 난다는 이유로 별도로 차단된 밀실에서 대기해야 하는 일도 없다. 오직 공항에서만 이 모든 행위가 허용된다.

그런 수고를 감수하면서까지 수많은 사람들이 공항으로 향한다. 꼼짝없이 좌석에 앉아 말도 통하지 않는 낯선 사람들 사이에서 10시간이 넘는 비행을 해야 하는 수고로움도 마다하지 않는다. 아무리 힘들어도 곧 자신을 기다리고 있을 **새로운 만남과 미지의 세상에 대한 기대감** 하나면 모든 것이 용서된다. 때로는 잠시 눈을 감았다 뜨면 한 공항에서 다른 공항으로 순간이동을 하는 마법에 걸린 느낌도 받는다. 공항에 가면 모든 낯선 사람이 언젠가 한번 만난 것 같은 **데자뷰**가 있다. 그래서 공항에선 오래 전에 헤어진 연인 혹은 자신이 꿈꿔왔던 이상형을 만날 수 있을 것만 같은 기분에 취하기도 한다.
나는 이런 공항의 분위기가 좋다. 어떤 때는 비록 비행기를 타지 않더라도 무작정 공항에 나가 공항의 에스컬레이터를 타기도 한

다. 공항은 도시 안에서 유일하게 내가 숨통을 틔울 수 있는 공간
이다. 항공기 이착륙을 알리는 표시판에 새겨진 수많은 도시들의
이름이 휘리릭 돌아가는 모습을 보는 것만으로도 마치 내가 곧 그
도시 어딘가를 걷고 있는 듯하다.

공항은 그 도시의 성격을 말해 주는 일종의 증표다. 어느 곳
이나 공항은 말없이 도시의 특색을 드러내고 있다. 클래식 음악으
로 치면 일종의 서곡에 해당된다. 처음 낯선 땅에 도착한 이방인에
게는 무의식중에 도시를 이해할 수 있는 단서도 된다. 알게 모르게
공항을 통해서 우리는 낯선 도시로 나아갈 마음의 준비를 한다.
어두운 실내 분위기를 뚫고 노란색 불꽃처럼 빛나는 스키폴 공항
의 안내표지판은 스키폴만이 갖고 있는 고유한 정체성이다. 낡고
어둠침침한 공항 라운지에서 정해진 룰도 없이 각자 자기 멋대로
환하게 불을 밝히고 있는 노란색 표지판들을 따라 여행자들은 쉴
새 없이 자신의 목적지를 찾아 이동한다. 가만히 보면 스키폴 공항
에서는 혼자인 사람들이 많다. 그만큼 자유로운 여행을 선택한 사
람들이 많기 때문이다. 그리고 그들은 암스테르담의 자유를 찾아
이곳에 왔다.

직원에서부터 경찰, 청소부, 관광가이드까지 LA 공항에서는 많은

사람들이 뚱뚱하다. 때로 몸집을 이리저리 움직이며 공항을 순찰하는 경찰의 뒤를 따라가다 보면 가끔 출구를 놓칠 때도 있다. 길을 안내하는 표지판이 몸집에 가려 보이지 않을 때가 있기 때문이다. 뚱뚱한 사람들의 공항은 이 도시가 처한 비만의 수준을 한눈에 실감케 한다. 도시가 해결해야 할 과제가 무엇인지 쉽게 알 수 있게 해준다.

아시아 배낭여행의 천국이었던 방콕의 돈므앙 국제공항, 한때 이곳에는 스무 살 남짓한 작고 가녀린 여성들로 늘 북적였다. 그들 손에 짐가방은 없다. 그들은 공항에서 누군가를 기다리거나 누군가를 배웅한다. 떠나는 것도 자유롭고 다시 돌아오는 것도 떠나는 것만큼 쉬운 공항. 하지만 길고 검은 머리카락을 치렁치렁 늘어뜨린 채 누군가를 하염없이 기다리는 그녀들의 뒷모습만큼 외롭고 쓸쓸해 보이는 것도 없다.

어디를 가나 공항을 넓히고 철도로 도심과 연결하는 공사가 한창이다. 도시의 생명선이 공항에서 출발하고 있는 듯하다. 이제 공항을 빼놓고는 아무것도 시작될 수 없는 시대에 우리는 살고 있다. 공항은 그래서 출발점이자 끝이고, 끝에서 다시 이어지는 시작이다. 공항에서 만난 사람들이 더 그리워지고 더 오래 기억에 남는 것도 어쩌면 우리들의 이야기, 그 시작과 끝이 언제부턴가 그곳에서 모두 이뤄지고 있기 때문일지도 모르겠다.

오늘날 공항을 그리워하는 사람은 분명 자유인이다.

여행자의 가방

세상은 책이다.

여행하지 않는 사람은 기껏해야

한 줄의 글을 읽은 사람에 불과하다

_ 성 아우구스티누스

아주 특별한 캠프여행

몇 해 전 인터넷 게임 중독에 빠진 10대들에 관한 TV방송용 다큐멘터리를 제작한 적이 있었다. 컴퓨터 게임 때문에 부모에게 폭력을 휘두르거나 친구들의 돈을 갈취하기도 하고 심한 경우에는 게임과 현실을 구분하지 못하는 상황에까지 이른 20여 명의 아이들이 어느 날 각자 굳은 결심을 하고 인터넷 중독 치유 프로그램에 참여한다. 마치 어른들이 금연 클리닉에 참가하듯 아이들은 부모의 손에 이끌려 치유 프로그램에 참가했다.

특별 캠프가 차려진 천안 국립청소년수련원에 취재진이 도착했을 때는 이미 전국에서 내로라는 심리상담사와 정신과 전문의들도 총출동해서 아이들 맞을 준비에 여념이 없었다. 낯선 곳에서 난생 처음 컴퓨터와 격리된 생활을 시작하게 될 아이들, 다큐멘터리는 바로 이 아이들의 2주간의 변화과정을 담았다.

인터넷 중독 치유 캠프에 참가한 아이들에 대한 이야기

를 하기에 앞서 몇 가지 짚고 넘어갈 것이 있다. 이미 우리나라 청소년들의 인터넷 중독 현상은 일반인들이 생각하는 것보다 정도가 훨씬 심각하다. 몇 가지 통계자료만 살피더라도 현실의 심각성을 파악하는 것이 어렵지 않은 일이다. 현재 전국적으로 인터넷 중독에 빠질 위험성에 노출된 이른바 '잠재적 위험군'에 포함되는 청소년은 약 120만 명에 달한다. 연령이 낮아질수록 정도는 더 심해져서, 초등학생 10명 중 4명이 인터넷 게임 중독에 빠져 있다는 보고도 있다. 청소년 가운데 36%가 인터넷 사용시간을 스스로 조절하지 못하고 있다고 고백했다.

애초에 이 글을 쓰려고 마음먹었던 가장 큰 동기는 여행과 책에 관한 좋은 힌트 같은 것을 사람들에게 제공하고 싶은 데 있었다. 자식을 진정 사람다운 사람으로 키우기 위해서 부모는 자식을 품에서 멀리 떠나보낼 수 있어야 한다. 또 좋은 책과 함께 생활할 수 있는 환경을 만들어주고 책을 통해 인생을 배워나갈 수 있도록 이끌어주어야 한다. 아마 이를 모르는 부모는 세상에 없을 것이다. 하지만 하루하루가 바쁜 부모들에게도 한계가 있게 마련이다. 여행과 책 속에 담겨 있는 좋은 여행, 좋은 책이 단지 관념에 그쳐버릴 때가 많다. 너무 중요해서 그 소중함을 알지만 무심히 잊고 살 듯이 말이다. 그래서 좋은 여행의 계획을 짜는 일에 작은 힌트라도 될 수 있기를 바라는 마음, 좋은 책을 함께 읽기 위한 신선한 자극 같은 것이 되기를 바라는 마음에서 나는 이 작업을 시작했다.

그런데 인터넷 중독에 걸린 아이들을 취재하면서 나는 생각보다 훨씬 강렬한 동기를 얻었다. 일일이 아이들의 가정을 방문하고 부모들과 인터뷰를 하면서 나는 그들에게서 한 가지 공통점을 발견했다. 내가 그들의 입을 통해서 언제나 들었던 이야기는 바로 "우리 애가 원래는 너무나 평범하고 착한 아이였다"는 말이었다.
도대체 왜 부모들은 이구동성으로 이런 말을 할까? 그리고 그렇게 평범하고 착했던 아이들이 언제 갑자기 괴물처럼 돌변한 것일까? 나는 이 궁금증을 풀기 위해서 자료를 뒤지고 전문가들을 찾았다. 그리고 의미 있는 결론 하나를 얻었다. 그것은 부모세대의 무관심, 부모들이 정말 아이들에 대해서 아는 것이 별로 없다는 사실이다. 조금 말을 바꿔 표현한다면, 정말 알아야 할 것은 모르고, 알 필요가 없는 것은 많이 알려고 드는 그런 존재가 지금 아이들의 눈에 비친 부모들이다. 부모는 늘 가까이에서 지켜보고 생활하는 자식이기 때문에 자기 아이에 대해서만큼은 누구보다 잘 안다는 착각에 빠지기 쉽다. 하지만 그것은 혼자 밥도 떠먹을 수 없을 만큼 어렸을 적 이야기다. 예전보다 더 빨리 어른들의 세계로 진입하는 요즘 아이들을 따라잡지 못하는 것은 오직 부모밖에 없다. 부모와 자식의 간극이 커지면 커질수록 인터넷 중독에 걸리는 아이들의 숫자도 늘어났다. 그래서 인터넷 중독 치유 프로그램 안에는 부모를 위한 상담시간도 따로 마련되어 있었다. 우선은 부모부터 자기 자신을 되돌아볼 수 있는 시간을 갖자는 **공감대**가 자연스럽게 형성된 것이다.

밀폐된 공간에서 상담사와 이야기를 나누며 부모들은 지나온 시간 동안 자신의 무관심과 그릇된 생각들로 인해 아이들이 받았던 상처를 떠올리며 말없이 눈물을 흘렸다. 자신들이 가장 사랑하는 존재를 가장 모르고 있었던 부모의 심정은 그만큼 눈물겹도록 안타까웠다. 옆에서 이들의 모습을 지켜보면서 나도 적지 않게 당황하고 놀랐다. 뭔가 우리가 잘못된 방향으로 나아가고 있는 것은 아닌지 하는 생각도 들면서, 과연 우리가 알아야 할 것은 무엇인지 스스로에게 묻지 않을 수 없었다. 만약 지금 당신의 아이들에게 10가지 질문을 종이에 적어보라고 하고 나서 그 질문지에 절반도 답을 적어낼 수 없다면, 당신도 내가 만난 그 아이들의 부모와 비슷한 상황에 놓일 수 있다고 감히 말할 수 있다.

한국 아이들이 못하는 것

부모들과의 인터뷰를 마치고 방송이 나가기까지 3~4주 정도의 시간이 허락되었다. 나는 방송이 나가기 전까지 남은 시간 동안 우리가 정말 모르고 있던 우리 아이들의 실체에 대해서 제대로 접근해보고 싶어졌다. 다큐멘터리는 서서히 아이들에서 부모들로 주인공이 바뀌어가고 있었다. 아마도 방송 다큐멘터리를 제작하면서 취재원을 제쳐두고 다른 데 한눈을 팔면서 취재를 한 적은 이때가 처음일 것이다. 현실적으로는 천안과 서울을 오가며 이중으로 취재처를 확보하기란 쉽지 않은 일이었다. 하지만 이런 곁눈질을 통해 인터넷 중독에 빠진 아이들에 대해 좀더 정확한 이해를 할 수 있다면 시간이 다소 걸리는 것쯤은 아무 일도 아니었다.

일단 부모들의 입장에서 아이들의 숨겨진 본능과 욕망이 무엇인지부터 리서치를 다시 시작했다. 그리고 이어지는 전문가들과의 인터뷰, 그들도 상당 부분 나의 생각에 공감했다.

의정부의 한 병원에서 활동하고 있던 정신과 전문의는 우리 뇌가 반응하는 '중독'과 '몰입'의 차이점에 대해서 알기 쉬운 그림으로 설명을 해주었다.

그의 말에 따르면, 세계적인 축구선수를 꿈꾸었던 어린 시절의 박지성이나 피겨 스케이터 김연아의 어린 시절과 인터넷 중독에 걸린 아이들은 자신이 좋아하는 것을 추구한다는 점에서는 다를 바가 없다. 어차피 뭔가 끊임없이 자신이 좋아하는 것을 추구하는 것은 인간의 본능적 욕망 중 하나이다. 작은 자극에서 더 큰 자극으로 우리 뇌는 끊임없이 새로운 자극을 요구한다. 그리고 이런 패턴이 무수히 반복되면서 '중독'이 생겨난다. 자기가 좋아하는 것을 본능적으로 좇는다는 점에서 중독은 몰입과 한 뿌리를 가진다.

하지만 우리는 축구선수를 꿈꿨던 박지성의 어린 시절을 중독이라 말하지 않는다. 하루 종일 빙판에서 엉덩방아를 찧던 김연아에게 스케이팅 중독에 걸렸다고 말하지 않는다. 도대체 뭐가 다른 것일까? 그들에게는 '중독'이라는 말 대신에 더 어울리는 표현이 있다. 바로 '몰입'이라는 표현이다. 극단적으로 말해서 중독과 몰입의 차이를 결정짓는 것은 스스로 통제 가능한 '자의식'이다.

그런데 보통 어린 시절에는 그 자의식이란 것이 그렇게 자기 스스로 힘을 발휘할 만큼 강력하지 못하다는 데 문제가 있다. 좋아서 하는 일이지만, 그 일을 통해 자기를 완성시켜나갈 수 있는 목표와 계획, 정해진 자기 관리의 규칙들을 스스로 지켜내기란 여간해서 쉬운 일이 아니다. 결국 부모가 결정적인 변수가 된다.

우리는 계속되는 리서치 과정을 통해서 몇 가지 더 흥미로운 사실을 발견했다. 그것은 미국에 살고 있는 어느 교육전문가가 방학이 되면 놀러 오는 한국의 조카들에게 관해서 쓴 인터넷 블로그에 잘 나타나 있었다. 그의 글은 오늘날 우리 부모세대들이 얼마나 아이들을 무능력하게 키우고 있는가를 객관적으로 보여주고 있다.

매년 여름방학이 되면 한국에서 아들또래의 아이들이 한두 명씩 온다. 형제나 친척 또는 친구의 아들이다. 지금까지 한국의 아이들을 이렇게 가까이 두고 오랜 시간을 보낸 적이 없다. 우선 좀 놀란 것이 애들이 숟가락 젓가락을 제대로 쥐지 못한다. 대학생인 조카놈에게 "젓가락질이 그게 뭐냐"고 핀잔을 줬더니, "에어 삼촌, 밥만 잘 먹으면 되지 뭘 그러세요"라고 한다.

같이 요리를 하자고 부엌에 서서 감자라도 깎으라고 해보면 중딩녀석은 어쩔 줄을 모른다. 감자껍질 벗기는 필라를 쥐어주고 감자를 왼손에 쥐게 하고, 감자 깎는 법을 가르친다. 몇 개 깎아보더니 더디긴 하지만 잘 깎는다. 부엌칼을 쥐어주고 감자를 썰어보라고 한다. 이것도 처음 하는 거란다. 자전거를 끌고 공원에 가자고 하니, 브레이크가 느슨하다. 스패너를 쥐어주고 조여보라고 하니 이것도 처음 한단다. 테니스 치러 가자니 이것도 처음 한단다. 농구하러 가자니 이것도 처음 한단다. "도대체 넌 뭐하고 노니?" 하니까, 친구들하고 이야기하고 논단다. 그리고 보니 어째 애가 달리기 하는 모습조차도 어색하다. 어릴 때 피아노 배웠다고 해서 전자피아노 쳐보라고 하니 다 까먹었단다. 기타를 쥐어줘 보니 이것도 안 된다. 기타 치는 것을 가르쳐주니 그런다. "삼촌, 옛날에 좀 놀았나 봐요." 도대체 애네들 뭐하고 노는 걸까?

집에 있으면 그냥 **멍하니 있다.** 그냥 진짜로 가만히 있는다. 이거 뭐가 이상하다. 애들이란 게 가만히 못 있고 뭔가 꼼지락거리는 건데. 노트북 가져다주니 좋아라 한다. 채팅 조금 하더니, 스타크래프트 게임을 시작한다. 두 시간이고 세 시간이고 한다. 살짝 겁이 난다. 이거, 이래도 되는 걸까 싶어서. 뭔가 한국의 학교란 게, 아버지란 게, 아이들을 지적으로 신체적으로 불구자로 만들고 있는 느낌이다.

그의 블로그 글에서도 역시 마지막을 장식하는 것은 인터넷과 컴퓨터 게임이다. 일단 이 정도 되면 내가 만드는 프로그램과도 밀접한 연관성이 있다는 것을 느낄 수 있었다. 무엇보다 정말 단어 하나하나가 가슴을 콕콕 파고들 정도로 공감이 됐다.
"정말 그럴까?" 하고 반문하는 사람도 있겠지만, 내가 취재를 위해 만나본 상당수의 아이들이 실제로 그랬다. 그의 말을 증명해 주기라도 하듯이 블로그 아래 댓글에는 독일에 살고 있다는 한 여성이 이런 댓글을 달아놓았다.

일일이 다 확인할 수는 없었지만 독일에 살고 있다는 '발도로프아줌마'의 이 말은 영국이나 프랑스에 살고 있는 사람이라고 해서 다를 게 없을 것이다.

방송 직전까지 마지막 대본을 마무리 지으며 참 많은 생각이 오갔다. 어느새 나는 이 아이들에 관한 프로그램을 하면서 알게 모르게 인터넷 중독이라는 또 하나의 괴물을 만들고 있는 건 아닐까? 아니면 학원과 입시에 내몰린 아이들의 작은 욕망의 분출구를 완전히 막아버리고 있는 것은 아닐까? 어쩌면 "한국의 애들이 못하는 것"이 아니라 **"한국의 부모들이 못하는 것"**이란 표현이 더 적당하지 않을까? 별별 생각이 다 들었다. 그렇지만 프로그램을 마무리하면서 아이들이 직접 말한 한 가지 분명한 사실에 나의 마음이 움직였다. 적어도 그 아이의 발견으로 나는 희망을 찾았다.

"내일이면 다시 집으로 돌아가는데, 사실 잘 모르겠어요. 게임을 정말 안 하게 될지. 게임 때문에 엄마랑 또 싸우게 되면 어떡해야 될지. 정말 잘 모르겠어요. 그런데요 아저씨, 이번 캠프를 통해서 처음 안 건데요, 게임보다 더 재밌는 게 정말 많더군요. 전 정말 첨 알았어요. 세상에 게임 말고 다른 것도 그렇게 재밌는 게 많을 줄은."

인터넷 중독에 빠진 스무 명 아이들의 아주 특별한 2주일 동안의 여행, 그 여행을 마치면서 아이들은 세상에 컴퓨터 게임만큼이나 재미있는 것들이 많이 있다는 사실을 스스로 발견했다. 훨씬 더 재미있는 것을 얻기 위해서는 키보드를 손가락으로 두드리는 것보다 두 팔과 두 다리를 활짝 벌리고 뛰어야 한다는 사실도 몸으로 느낄 수 있었다.

우리도 이제 짐을 꾸려서 캠프를 떠날 차비를 했다. 캠프를 나서면서 멀리서 엄마아빠와 나란히 손을 잡고 가는 녀석들의 뒷모습이 보였다. '그래, 어쩌면 심각한 표정을 지으며 거창한 교훈을 얻고 캠프를 빠져나갈 것을 기대한 것부터가 잘못된 생각일 수 있다.' 아이의 말처럼 세상에는 컴퓨터 게임보다 더 재미있는 게 얼마나 많은지, 그 넓은 세상을 아이들에게 보여주는 일이 이젠 부모의 몫으로 남겨졌다. 아이들에게 정말 중요한 책가방은 바로 그 넓은 세상을 배울 여행가방이라는 것을 말이다.

취재를 마치고 몇 달 후, 나는 다른 나라의 아이들이 어떻게 세상을 재미있게 사는지 알고 싶어서 여행을 준비했다. 물론 나의 재미있는 세상이란 흔히 말하는 재미와는 조금 다른 차원의 것일 수 있다. 극단적으로 말한다면 키보드 위가 아니라 몸을 쓰면서 느끼는 재미라고도 말할 수 있을 것이다. 다음 행선지로 정한 곳은 바로 이웃한 나라 일본이었다.

무엇을 취재했는지 궁금한가? 그보다 먼저 질문을 하나 하겠다. 일본에서 요즘 젊은이들이 가장 멋있다고 느끼고 또 가장 재미있다고 생각하는 스포츠 종목이 무엇인지 아는가? 축구, 야구, 수영, 승마, 테니스, 골프? 모두 아니다. 정답은 럭비다. 뛰고 달리고 잡고 넘어뜨리고 얼핏 보면 과격한 패싸움 같은 스포츠가 바로 럭비다. 실제로 경기나 연습 중에 선수들은 다른 경기에 비해 많이 다치고 육체적인 한계도 빨리 느낀다. 그런 럭비경기에 일본의 젊은이들이 열광하고 있다. 그리고 부모들은 자식만 좋다면 럭비클럽에 들어가는 것을 전폭적으로 지원한다. 도대체 그들이 이런 험한 운동에 열광하는 이유는 무엇일까? 이 궁금증을 풀기 위해서 나는 또 여행가방을 싸기 시작했다.

한국의 군대입니다

간략하게 일본의 럭비 현황을 먼저 소개하겠다. 때로는 몇 마디의 말보다 한 줄의 통계나 데이터들이 설득력을 지닐 때가 있다. 일본의 럭비와 관련된 데이터들을 소개하려는 것도 바로 그런 이유에서다. 현재 일본의 럭비팀과 선수들 그리고 리그에 대한 통계자료는 그 자체로 몇 가지 의미 있는 내용들을 담고 있다.

일본에는 300여 개의 실업팀을 포함해서 6천 개의 학교 럭비클럽이 있다. 선수로 등록된 인원만 해도 13만 명에 이른다. 2003년에 이미 럭비 프로리그를 출범시켰고 '톱 리그'에 속하는 14개 팀이 마지막 경쟁을 펼쳐 최종 승자를 가린다. 톱 리그에 들기 위해서는 먼저 지역별 리그에서 우승을 해야 하는데, 여기에는 대학과 프로팀이 각자 자신의 연고지를 중심으로 활동하고 있다. 매년 강력한 우승 후보팀이 배출되는 지역은 도쿄 · 오사카 · 큐슈 리그다. 이 지역 리그에서도 최종 승자가 되는 것은 만만치가 않다. 도쿄 대학 리그의 경우 10여 개 대학팀이 경합을 벌이고 있는데, 와세다대학과 게이오대학의 경기는 이미 명문대학 간 전통이 되었다. 이들 유명 대학 클럽에 들어가기 위해 도쿄도 내에서만 100여 개의 고등학교 럭비클럽들이 치열한 경쟁을 벌인다. 프로 럭비팀들은 축구나 야구처럼 서포터스들이 활성화되어 있고, 홈경기를 할 때는 많게는 2만 명이 넘는 관중들이 경기장을 찾는다.

이 정도면 일본에서 럭비는 가히 인기 스포츠로 확실하게 자리매김을 한 상태라고 볼 수 있다. 일본이 선수들의 작은 체구에도 불구하고 아시안게임처럼 국제적인 럭비경기에서 매번 우승할 수 있는 힘은 바로 여기에 있다. 실제로 지난 아시안게임에서 일본은 결승전에서 평균 신장 10cm, 몸무게 15kg이나 차이가 나는 중국팀을 만나 승리했다. 자국 내 럭비인기에 힘입어 일본럭비협회는 2019년 럭비올림픽 개최를 목표로 총력을 기울이고 있다.
축구의 월드컵처럼 4년마다 열리는 럭비월드컵은 월드컵과 올림픽에 이어 세계에서 세번째로 큰 스포츠 이벤트이다. 전세계적으로 3억 명 이상이 럭비월드컵을 관람하며 개최지로 선정된 나라는 경기를 직접 보기 위해 방문한 관광객들로 매번 특수를 누린다.

2011년 뉴질랜드에서 개최되는 럭비월드컵 본선 진출국 20개 팀 가운데 아시아에서는 현재 유일하게 일본팀이 포함되어 있다.

그런데 우리가 갖고 있는 일본인에 대한 선입관과 비교해 보면, 럭비라는 스포츠가 일본에서 인기를 끌고 있는 이유가 잘 이해되지 않는 것도 사실이다. 내가 만나본 보통의 일본인들은 사실 남과 부딪치는 것을 극도로 싫어한다. 불필요한 신체적인 접촉은 물론이고 생활에서도 남에게 폐를 끼치는 것은 일종의 결례라고 여기는 분위기가 지배적이다. 때로는 이런 기질이 극단적인 개인주의로 비치기도 하지만 어쨌든 일본인들의 독특한 기질과 문화의 하나라는 점에서는 그대로 인정하는 것이 좋을 듯하다.

그러니 도대체 어떤 이유에서 몸싸움도 심하고 부상도 당하기 십상인 럭비 같은 스포츠에 일본의 젊은이들이 열광하는지 그 속내를 들여다보고 싶어졌다.

나는 우선 대학교에서 럭비선수로 활약하고 있는 아들을 둔 한 어머니와 인터뷰를 했다. 그녀가 들려준 이야기는 일본의 젊은이들이 왜 럭비에 열광하는지를 단적으로 이해할 수 있도록 해주는 실마리였다.

"일본에서는 럭비가 한국에서 남자들이 군대를 가는 것과 비슷한 거예요."

어느 나라나 10대들을 보면 좀 유약하다는 인상을 받는다. 신체적으로도 그렇고 정신적으로도 어딘지 모르게 의존적이고 독립적인 능력이 부족한 존재로 비춰지는 것이 사실이다. 그런 10대들이 진정한 남자로 거듭나는 때가 있다. 바로 성인으로 진입하는 통과의례를 거친 다음이다. 오래전부터 아프리카의 원주민들은 진정한 남자로 거듭나기 위해서는 맨몸으로 사자와도 싸울 수 있는 강인한 정신력을 지녀야 한다고 믿었다. 그래서 실제로 남자가 되기 위해서는 정글로 달려가 사나운 짐승들과 맞대결을 펼쳐서 승리해야 했다. 한국에서는 군입대가 일종의 남자로 거듭나는 **통과의례**의 시점이다. 연약한 대학생이 어느덧 군대를 제대할 때쯤 되면 늠름한 청년으로 변모하는 것을 자주 보게 되는데 바로 이런 통과의례가 일본에서는 럭비로 통하고 있다.

매일같이 입술이 터지고 온몸이 상처투성이인데다가 심지어 다리나 팔도 부러져서 돌아오는 아들을 보는 심정이야 오죽하겠냐마는, 일본의 엄마들은 기꺼이 그런 마음고생쯤은 감수할 각오를 하고 있다. 게다가 대부분의 럭비클럽들이 기숙사 생활을 의무화하고 있기 때문에 럭비클럽에 들어가기 위해서는 비용도 만만치 않다. 그럼에도 불구하고 중고등학교는 물론이고 대학교에서도 럭비클럽에 가입하기 위해서 줄을 서서 기다린다. 럭비 프로리그도 출범한 상태이기 때문에 일본에서는 마음만 먹으면 프로선수로도 활동할 수 있다.

하지만 이것은 극소수의 경우에 해당된다. 대다수의 럭비선수들은 대학교 4년 동안의 활동을 마치고 일반 회사에 취직을 한다. 물론 사회인 럭비클럽에 가입해서 럭비와의 인연을 이어나가는 사람도 있지만, 대학졸업과 동시에 럭비클럽 활동도 대개는 중단된다. 한 마디로 한창 자라는 청소년 시기나 왕성한 의욕이 넘치는 젊은 대학생 시절에만 집중적으로 럭비를 한다고 볼 수 있다. 대학생 럭비선수들의 경우에는 4년 내내 럭비와 학업을 병행해야 한다. 아르바이트할 시간도 없고 때로는 연애할 시간도 없다. 얼핏 이방인의 눈으로 봐서는 좋을 게 하나도 없는데, 왜 그들은 럭비에 열광을 하는지 정말 이해하기 어려웠다. 하지만 답은 언제나 현장에 있었다. 럭비경기를 보면서 나의 궁금증은 하나둘씩 풀려나갔다.

잠깐 화제를 돌려서, 최근 일본의 대기업들은 대졸자 신입사원을 뽑을 때 몇 가지 특례제도를 운영하고 있다. 그것은 마치 우리나라에서 ROTC로 군복무를 마치고 나와 회사에 취직할 때 얻는 혜택과 유사한 것들이다. 그중에 럭비선수 경력도 포함되어 있다. 럭비클럽에서 활동한 대학 4년 동안의 시간을 어느 정도 보상받을 수 있는 통로가 생겨나고 있는 것이다.

하지만 일본 기업들이 러거(rugger, 럭비선수)를 우대하는 데는 나름의 이유가 있다. 그것은 보통의 여느 젊은이들에게서 볼 수 없는 러거들만의 독특한 기질 때문이다. 럭비를 통해 배우는 **협동, 희생, 인내, 투지**라는 4가지 럭비 정신은 오늘날 일본의 기업들이 원하는 인재상에 가까운 모습이다. 한마디로 검증된 인재들을 뽑겠다는 뜻인데, 공교롭게도 그 검증기준 안에 럭비가 포함되어 있다.

럭비가 금시초문이었던 나에게 가까운 이웃나라에서 벌어지고 있는 이런 현상은 매우 흥미롭기도 하고 호기심을 자극하는 일이었다. 그래서 일단 럭비가 무엇이며, 그 안에 **숨겨진 매력**이 무엇인지 알고 싶어졌다.

많은 사람들이 알고 있듯이 럭비는 1823년 축구경기를 하던 중 한 선수가 갑자기 공을 손으로 잡고 뛰기 시작한 것에서 유래됐다. 그날 그 선수는 왜 갑자기 공을 손에 잡고 뛰기 시작한 것일까? 흥미로운 사실 하나는, 그때 그 선수가 공을 손에 잡고 달리는 것을 다른 선수들이 그저 바라보고만 있었다면 럭비는 탄생하지 않았을 것이라는 점이다. 공을 손으로 잡으면 안 된다는 경기의 규칙을 어긴 선수가 있었고, 그 선수를 붙잡기 위해서 몸을 던졌던 상대편 선수들이 있었다. 그들은 경기에 열중하는 가운데 몸과 몸을 부딪치는 것이 발로만 하는 것보다 더 박진감 넘치고 재미있다는 것을 순간 깨달은 것이다.

새로운 것은 늘 그렇게 정해진 규칙을 어기는 이단아들에게서 나온다는 평범한 진리를 럭비는 출발부터 보여주었다.

과격한 운동이다 보니 럭비는 출발부터 경기에 임하는 선수들의 마음가짐이 달랐다. 경기중에는 적이 되어 밀치고 넘어뜨려야 하는 대상이지만 경기가 끝나면 그들은 럭비의 정신 아래 하나가 되었다. 이런 전통은 지금까지도 이어지고 있다. 우리가 종종 듣게 되는 "올 포 원, 원 포 올"(All for One, One for All)이란 말이 있는데, 사실 이 말의 원조는 럭비다. 바로 럭비의 정신을 가리키는 말이다.

하나를 위한 모두, 모두를 위한 하나!

이 말 속에는 럭비라는 스포츠가 승리를 위해서 자기를 희생해야만 하는 운동이라는 점이 확실하게 담겨 있다.

럭비는 한 개인의 능력만으로는 절대로 승리할 수 없는 구조를 가지고 있다. 상대편 골라인까지 도달해서 '트라이'(득점)를 시키기 위해서는 다른 선수들이 그 한 사람의 공격자를 위해서 길을 만들어줘야 한다. 그래서 럭비에서는 트라이를 한 뒤 특별한 세레머니도 없다. 승리의 기쁨을 한 개인이 독차지하지 않는 것이다. 모두가 이뤄낸 결과이지 어느 한 사람의 성과가 아니란 뜻이다.

그들은 심지어 국제경기에서 유니폼에 국가를 상징하는 국기도 넣지 않는다. 경기가 끝났음을 알리는 '게임 오버'(Game over)라는 말 대신에 그들은 '노 사이드'(No Side)를 선언한다. 시합이 끝나면 어느 누구도 편이 없다는 것이다. 승리한 팀이나 패한 팀이나 모두가 하나가 된다. 경기가 끝나고 경기장을 떠나는 패한 팀 선수들을 위해서 승리한 선수들이 두 줄로 나눠 서서 끝까지 박수를 치며 기다려주는 전통은 럭비 경기장에서만 볼 수 있는 감동적인 한 장면이다. 협동과 희생, 인내와 투지를 중요시하는 럭비는 그래서 가장 이타적인 행동을 배울 수 있는 스포츠이다. 스포츠 경기 가운데 기술보다 정신을, 승리의 결과보다 선수의 명예를, 자기보다 타인을 더 중요시하는 경기는 아마 럭비 말고는 없을 것이다.

어릴 적부터 명예가 승리보다 중요하다는 것을 배운 아이들은 커서도 승리의 결과만을 좇는 것이 아니라 명예와 자부심을 추구한다. 협동의 의미를 몸으로 배우는 것이다. 그것이 스포츠가 지니고 있는 무서운 교육적 기능이다. 아이들은 경기장에서 배운 대로 행동하고 그것을 삶의 지표로 삼는다. 일본의 엄마들이 자기 아이들 코가 부러지고 다리 인대가 늘어나는 부상 속에서도 럭비 유니폼을 끝까지 버리지 않는 이유가 바로 여기에 있다. 한마디로 배울 게 있다는 것이다.
나는 그들의 모습을 보면서 문득 이런 궁금증이 들었다. '만약 어느 날 나의 아이들이 럭비를 하고 싶다고 말을 할 때, 나는 기꺼이 아이들에게 럭비를 시킬 수 있을까? 머릿속에서 이런저런 생각이 스쳐갔다. 쉽게 답을 하기 어려운 문제임에 분명하다.

하지만 이것만은 분명히 말할 수 있을 것 같다. 만약 어느 날 나의 아이들이 컴퓨터 게임에 빠져 매일같이 마우스를 붙잡고 노는 일에만 열중한다면, 나는 기꺼이 아이들에게 럭비 유니폼을 입혀줄 것이다. 하루 종일 책상에 앉아 게임에 빠진 아이들과 입씨름을 하는 아빠가 되기보다는 온통 진흙투성이로 더러워진 럭비 유니폼을 빠는 아빠가 되고 싶다. 총 쏘고 욕하고 남을 죽여야 내가 살아남는 비정한 게임의 룰을 어릴 적부터 배우는 것보다는 운동장에서 땀 흘리고 뒹굴면서 친구 만드는 법을 배우는 것이 백배는 더 나은 일이기 때문이다.

일본 아이들의 럭비 취재는 스포츠가 지닌 교육의 힘을 실감할 수 있는 기회였다. 그것은 운동이나 스포츠가 꼭 유명한 스타선수를 키우는 데만 머물러서는 안 된다는 평소의 생각에 불을 지폈다. 그래서 나는 좀더 객관적인 시선으로 스포츠 교육의 현장들을 살펴보고 싶은 마음이 생겼다. 그 기회는 몇 달 후 우연히 독일에서 날아왔다. 독일에서 가장 인기가 높은 분데스리가 프로축구팀에 소속된 유소년 선수들을 직접 취재할 기회가 생긴 것이다. 절대로 그냥 놓칠 수 없는 기회였다.

나는 다시 여행가방을 준비했다.

'17 대 0'의 차이

늘 그렇지만 해외 취재를 준비하면서 기다리는 과정은 일을 한다는 느낌보다 여행을 떠난다는 설레는 기분에 휩싸이곤 하는 게 솔직한 심정이다. 물론 현장에 도착해서 짐을 풀고 취재할 곳을 돌아다니며 사람들을 만나 인터뷰할 때는 직업적인 긴장감을 잃어버리지 않으려고 애쓴다. 하지만 나는 늘 그 취재일정 중에서 적어도 하루는 나를 위해서 온전하게 쓰려고 노력한다. 그래서 취재를 위해 짐을 쌀 때는 언제나 나에게 주어진 단 하루의 자유로운 시간 동안 무엇을 할까부터 먼저 고민하는 버릇이 있다. 무슨 일이 생길지, 어떤 사람을 만날지, 기대와 흥분이 교차하는 순간이기도 하다. 어쩌면 그 맛에 취해서 20년 동안 다큐멘터리의 세계에 빠져 지냈는지도 모르겠다.

구체적인 일정과 취재처가 결정이 되었다. 이번에 갈 곳은 독일 북서부의 도시 레버쿠젠. 레버쿠젠은 독일의 대표적인 공업도시이자, 우리에게는 아스피린으로 유명한 한 제약회사의 본사가 위치해 있는 곳이다. 그리고 한국인 최초로 분데스리가의 전설적인 영웅이 된 차범근 선수가 활약했던 바로 바이어 레버쿠젠 팀의 홈이기도 하다.

지금도 레버쿠젠에 가면 '차 붐'이라는 이름으로 불렸던 차범근 선수를 그리워하는 사람들이 많다. 차범근 선수가 활약할 당시인 1980년 후반, 레버쿠젠 팀은 전성기였다. 레버쿠젠 시민들은 동양에서 찾아온 한 선수가 그라운드에서 보여주는 절묘한 플레이에 열광했고, 차 붐의 활약에 힘입어 레버쿠젠 팀은 1988년 UEFA컵 우승을 차지한다.

만약 레버쿠젠이 차 붐을 얼마나 높이 평가하는가를 알고 싶으면, 레버쿠젠 홈 경기장 옆에 마련된 축구박물관에 가면 쉽게 확인이 가능하다. 그곳에는 레버쿠젠이 배출한 단 두 명의 선수만이 명예의 전당에 이름을 올려놓고 있다. 그 한 사람은 루디 필러, 1986년과 1990년에는 선수로서, 2002년에는 감독으로서 독일에 월드컵 우승 트로피와 준우승의 영광을 안겨준 전설적인 인물이다. 루디 필러 옆자리에 나란히 명예의 전당에 이름을 올린 또 한 명의 선수가 있으니 그가 바로 차 붐의 주인공 차범근이다.

레버쿠젠은 독일에서는 가장 전통 있는 명문 축구구단 가운데 하나로, 일찍부터 어린 청소년들을 위한 유소년팀을 체계적으로 육성해 온 팀이다. 이런 축구팀을 취재할 수 있다는 것은 곧 독일 축구의 밑바탕이 되고 있는 유소년 축구팀의 체계적인 교육 시스템을 엿볼 수 있는 아주 좋은 기회가 아닐 수 없었다. 조금 다른 관점에서 보자면, 그것은 곧 독일 아이들이 어떻게 축구를 통해서 세상을 배워나가고 있는지를 옆에서 지켜볼 수 있는 기회이기도 했다.

이미 말했듯이 나는 스포츠 전문가가 아니다. 그렇기 때문에 언제나 내 눈길을 사로잡는 것은 팀의 전술이나 경기력, 선수들의 테크닉 같은 것에 있지 않다. 오히려 그보다는 좀더 다른 곳에 시선이 간다. 나는 선수들이 공을 향해 달려가는 곳보다는 공과 멀리 떨어져 있는 선수에게 더 관심이 간다. 승리의 감격에 환호하는 선수들보다는 패배의 눈물조차 가슴에 묻어야 하는 패자들의 무거운 발끝에 더 관심이 간다. 승리와 패배가 엄격하게 갈라지는 스포츠의 현장은 가장 인간적인 다큐멘터리가 만들어질 수 있는 공간이기도 하다.

곧 막을 올릴 월드컵 경기로 세상이 떠들썩하던 그때, 나는 국내의 한 유소년 축구클럽에 소속된 열 살짜리 초등학교 아이들과 함께 독일을 찾았다. 그리고 그들이 독일 유소년 축구팀 선수들과 두 차레 경기를 하는 모습을 지켜봤고, 그 아이들의 눈에 비친 선진 축구 클럽 문화를 헤아려보려고 노력했다. 그리고 독일 아이들이 경기장 밖에서 어떻게 생활을 하고 있는지를 카메라에 담았다. 그들의 연습장면은 물론이고 연습장 밖에서 추위에 떨면서 아이들의 모습을 지켜보고 있던 독일 학부모들과도 격의 없는 대화를 나눌 수 있었다.

흔히들 코치나 감독들은 어린 선수들에게 경기의 결과는 중요하지 않다고 말들을 한다. 승패 자체보다는 그것을 얻기까지의 과정 속에서 무엇을 배울 것인지를 찾는 것이 중요하다는 뜻일 게다. 그런데 그 말은 반은 맞고 반은 틀렸다. 어차피 배우는 과정에 있는 아이들에게 시행착오란 늘 값진 교훈이 된다. 결과보다 경기의 과정 속에서 갖고 있던 마음가짐에 주목하는 것이 자라나는 아이들에게는 훨씬 중요할 수 있다.

하지만 아무리 경기의 결과는 중요치 않다고 강조한다고 해서, 시합을 하는 동안 경험하게 되는 짜릿한 골맛의 순간이나 경기의 점수차가 아이들의 가슴에 쉽게 지워지는 것은 아니다. 특히 이긴 경기보다는 진 경기일수록 골을 먹은 순간의 기억들은 더 오래 마음속에 남는 법이다. 그래서 스포츠로 교육을 하는 코치나 감독들은 이 미묘한 점수의 차이를 잘 활용해야만 좋은 교육적인 효과를 아이들에게 불러일으킬 수 있다.

때로는 승부나 순위 같은 것에 조금은 경쟁심을 불러일으키는 센스도 아이들에게는 필요하다. 그런 게 없으면 자기 안에서 내적인 에너지를 불러낼 수 있는 힘이 약해진다. 객관적으로 자신의 위치가 어디에 있는지 가끔은 주의를 환기시켜 준다는 점에서도 점수의 차이, 실력의 차이 그리고 순위의 차이는 의미가 있다. 그런 점에서 그때 우리의 유소년팀과 레버쿠젠 유소년팀 간에 벌어졌던 경기 결과는 많은 것을 다시 생각해 볼 수 있는 기회였다.

결론부터 말해서 그날 경기의 결과는 '17 대 0', 레버쿠젠 유소년팀의 압승이었다. 어떻게 그런 큰 점수차가 생기게 됐는지, 지금부터 차근차근 설명하겠다. 그날 벌어졌던 17 대 0이란 점수차는 독일 축구와 한국 축구의 수준 차이가 결코 아니었다. 엄밀하게 말해서 그것은 독일 아이들이 받아온 스포츠 교육과 한국 아이들이 받아온 스포츠 교육의 차이였다. 경기장의 볼이 아니라 책가방 속에 담긴 차이였던 것이다.

봄비가 촉촉이 내리는 레버쿠젠 유소년 축구클럽. 빗줄기가 오락가락 하다가 다시 햇살이 따가울 정도로 내리쬐는 변덕스러운 독일의 봄 날씨. 처음 경기를 시작하기 전에 우리 팀 관계자들은 대략 3 대 2 정도의 경기결과를 예측했다. 대한민국에서 이른바 제일 잘

나간다는 축구클럽에 속한 선수들인데다 이미 오래 전부터 호흡을 맞춰왔기 때문에 아무리 원정경기의 약점이 작용한다고 해도 어느 정도는 대등한 경기가 벌어질 것으로 예상한 것이다.

그래서 다들 경기가 끝난 뒤에 드러난 커다란 점수의 차에 충격을 받았다. 예상을 빗나가도 한참을 빗나간 경기결과에 선수들은 물론이고 팀 관계자, 같이 현장에 동행했던 일간지 기자들까지도 모두 말없이 경기장을 빠져 나왔다.

애초부터 경기결과보다는 다른 이야깃거리를 찾고 있던 나에게는 이 경기결과 자체가 너무도 흥미로운 소재였다. 어떻게 이런 점수차가 날 수 있었는지 그 이유를 알고 싶었다. 그래서 사람들을 만나보기 위해 경기장에 잠시 더 머물기로 했다.

경기가 끝나고 곧바로 시작된 또 다른 나이또래 유소년 선수들의 훈련모습은 내가 품고 있던 궁금증을 풀어주는 실마리가 되었다. 레버쿠젠 유소년 축구클럽에는 U-6부터 U-19까지 실로 다양한 계층별 유소년팀들이 있다. 이곳에 들어올 수 있는 자격은 우선 레버쿠젠 스카우터들의 눈에 띄어야 한다. 동네 축구장이나 학교 시합에서 발군의 실력을 보인 아이들이 제일 먼저 발굴되어 입단 테스트 제의를 받는다. 그리고 또 하나는 본인이 스스로 테스트를 받으러 오는 경우다. 이 경우에는 자기 혼자 피나는 연습을 해서 어느 정도 만족할 만한 수준까지 실력을 올려놓아야 한다. 이런 아이들을 위해 구단에서는 정기적인 선발 테스트 기간을 두고 늘 문호를 개방해 놓고 있다. 어쨌든 레버쿠젠에 유소년 선수로 입단하기 위해서는 두 가지 테스트 중 어느 하나에서 **탁월한 실력**을 입증할 수 있어야 한다.

입단이 결정되면 활동에 필요한 경비는 구단이 책임을 지며 선수들의 학과공부가 뒤쳐지지 않도록 개인교습도 동시에 진행된다. 구단에서 생활은 물론이고 학과공부까지 책임지기 때문에 경제적으로 어려운 여건에 처해 있는 이민자들의 경우에는 일종의 신분상승의 수단으로 일찍부터 아이들에게 축구를 가르치기도 한다. 최근에는 독일 축구계에서도 순혈주의가 많이 사라졌기 때문에 유색인종이나 이민자 출신들에게도 많은 기회가 열려 있는 것이 사실이다. 그렇기 때문에 프로축구팀의 유소년 선수로 뽑힌다는 것은 그가 어디 출신이고 어떤 피부색깔을 가졌든 상관없이 밝은 미래를 향해 한발 다가선다는 것을 의미한다. 연습과 경기에 임하는 선수들의 **자세가 진지할 수밖에** 없는 것은 이런 배경 때문이기도 하다.

우리 유소년팀이 맞붙었던 팀은 U-10 유소년팀. 체격조건은 우리 아이들과 크게 다를 바가 없었고 볼을 다루는 솜씨나 기량 면에서도 별로 차이가 나지 않았다. 신체적인 조건이야 이제 우리 아이들도 다른 나라 아이들과 비교해서 별로 뒤쳐지지 않는다. 우리나라의 유소년 축구클럽도 많이 활성화되어 있기 때문에 열 살짜리 아이들의 볼 다루는 수준은 사실 거기서 거기다.

그렇다면 도대체 '17 대 0'이라는 엄청난 점수 차이는 어디서 비롯된 것일까? 체격조건이나 기술도 아니라면 그 원인은 어디서 찾아야 하는 것일까? 나의 초점은 바로 이 문제에 맞춰져 있었다.

나는 가급적이면 선수들을 가르치는 코치들과 직접 이야기를 나눠보고자 했다. 그들의 입을 통해서 그 비밀의 문을 여는 열쇠를 찾고 싶었다. 하지만 그 문은 쉽게 열리지 않았다. 게다가 자기들보다 큰 점수차로 패배한 팀에 대해서는 극도로 말을 아끼는 것이 그들의 코칭 스타일이기도 했다. 이런 과묵한 사람들에게는 우선 진심을 보여줄 필요가 있었다.

그래서 다음날 아침부터 저녁까지 하루도 거르지 않고 연습장에 나가 무조건 독일 아이들이 연습하는 장면을 카메라에 담았다. 처음에는 이상한 눈으로 바라보던 독일 코치들도 찬바람 부는 운동장 한가운데서 연습장면을 빠짐없이 카메라에 담고 있는 모습을 보고는 조금씩 마음을 열어주었다. 제일 먼저 말문을 열어준 사람은 우리 아이들과 시합을 벌였던 바로 그 유소년팀의 코치였다.

독일에서 유소년팀만 지도한 지 10년이 넘었다는 그는 경기를 통해 자신이 느낀 점들을 하나하나 설명하기 시작했다. 우선 그들도 경기를 통해 드러난 양팀의 객관적인 전력이나 선수들의 기량에 관해서는 나와 생각이 다르지 않았다. 그만큼 우리 아이들의 기본기나 체력이 예전과 다르게 향상되었다는 것을 의미한다.

다만 코치의 눈에는 한 가지가 달랐다. 독일 아이들에게는 있었고, 우리의 아이들에게는 부족했던 그것, 그것을 가리켜 그는 '볼(Ball)에 대한 존경심'이라고 표현했다.

"어떤 선수든 최선을 다해서 경기에 임하고 승리를 거두려고 하는 의지를 불태우는 것은 똑같습니다. 하지만 그날 아이들을 차이 나게 만든 것은 '볼에 대한 존경심', 바로 볼에 대한 태도가 아니었나 생각합니다."

이 말을 다른 식으로 표현하자면, 경기에 임하는 진지함이라고 말할 수도 있을 것이다. 독일 코치의 말을 그대로 빌린다면, 유소년팀을 교육시키는 데 있어서 가장 중요하게 다루고 있는 부분은 바로 경기에 대한 진지함이고, 그건 볼을 다루는 기술이 아니라 볼에 대한 아이들의 생각에서 비롯되는 것이다. 이것을 당시 경기상황과 비교해서 설명해 보겠다.

경기가 접전을 거듭하다 첫 골이 들어간 순간부터 두 골, 세 골, 네

골, 다섯 골. 이렇게 스코어가 차이가 나기 시작하자 우리 팀은 눈에 띄게 더 허둥대기 시작했다. 이미 전반이 끝나자마자 경기를 포기하는 마음이 선수들 하나하나의 가슴속에 움트고 시작했다. 바로 이 순간 독일 팀 코치들은 새로운 지시를 경기장의 선수들에게 내린다. 물론 경기하는 동안에는 아무도 몰랐다.

그것은 골이 들어갔다는 기쁨을 냉정하게 다루라는 것이었다고 한다. 이기고 있건 지고 있건 축구공은 언제나 둥글게 굴러간다. 어린아이들에게 스코어에 대한 무감각한 생각을 심어주는 것은 아닐 테지만, 적어도 아이들이 골이 많이 들어가는 것에 도취하거나 우쭐한 기분에 휩싸이도록 내버려두지 않았다고 한다. 왜냐하면 정반대의 경우도 언제나 있을 수 있다는 사실을 그들은 잘 알기 때문이다.

보통은 **이기는 팀의 경우** 서너 골 정도 차이가 벌어지면 이미 경기를 이겼다는 마음이 든다. 그렇기 때문에 이쯤 되면 이기는 팀 선수들은 몸을 사리거나 대충대충 경기를 마무리 지으려고 한다. 바로 이런 대충대충 하는 마음자세가 축구를 배우는 유소년 선수들에게는 치명적인 독이다.

그날 독일 아이들은 처음부터 끝까지 똑같은 자세로 경기를 마무리지으려고 노력했다. 코치들이 지도한 것은 바로 골에 대한 자세였다. 첫 골이 들어갔을 때나 마지막 골이 들어갔을 때나 똑같은 볼에 대한 집중력을 유지했기 때문에 공교롭게도 골은 계속 들어갈수 있었다. 그리고 이것이 바로 코치들이 그날 집중적으로 지시를 내린 부분이었다. 아이들에게 '볼에 대한 존경심'을 갖게 만드는 코치들의 지극히 의도된 행동이었다.

잠시 독일 유소년팀 선수가 되었다고 상상해 보자.
전반 15분쯤 첫 골이 들어갔다. 그리고 연달아서 골이 들어갔다. 이미 스코어는 5대 0, 이 정도면 이겼다는 느낌이 온다. 그런데 경기장 밖에서 코치들이 다그친다.
"Respect the Ball!"(볼을 존경해!) "감정을 다스리고 냉정하게 플레이를 하라!" 이미 아이들은 오래 전부터 익숙하게 들어오던 코치의 명령이다. 아이들은 골이 들어갔어도 또 골을 넣기 위해 최선을 다한다. 아이들의 머릿속에는 스코어 따위는 존재하지 않는다. 그래서 10 대 0이 되어도 골은 계속 들어간다.

반대로 우리 팀 선수가 되었다고 상상해 보자.
경기가 시작되고 처음 얼마 동안은 호흡도 잘 맞고 슈팅도 잘된다. 독일 아이들 실력이 별로 다를 게 없어 보인다. 그렇게 열심히 뛰어다녔지만, 그만 수비진의 실수 한번으로 독일 팀이 먼저 골을 넣는다. 그래도 마음속으로는 '뭐, 첫 골쯤이야' '우리도 빨리 만회하면 되지 뭐' 하며 다시 힘을 낸다. 하지만 순간 방심하는 사이 또 골을 먹었다. 그리고 세번째 골, 네번째 골이 들어간다. 4 대 0, 이건 한번도 뒤집어본 적이 없는 스코어이다.

'아! 대충 이렇게 지겠구나.' 이런 생각을 품자 몸은 더 무겁게 느껴진다. 발은 땅에서 떨어지지 않고, 볼을 차도 오늘 따라 멀리 나가지도 않는다. 그러는 사이에 독일 애들은 또 골을 집어넣는다. 어느새 10 대 0이 되었다. '졌다' '경기야 제발 빨리 좀 끝나라.' 코치님이 소리친다. "한 골만이라도 넣고 끝내자!" 아이들도 같은 생각이다. '그래 한 골 정도는 넣어야지.' 골에만 집착하는 사이에 전술이나 전략 같은 것은 제대로 가동될 기미조차 없다. 오직 제각각 운동장에서 허둥지둥 뛰어다닐 뿐이다. '저 독일 애들은 어떻게 저렇게 냉정할 수가 있지?' '좀 살살 봐주면 안 되나…. 무슨 시합도 아닌데 말이야….' 볼보다 점수에 대한 생각에 몰두한 사이, 공교롭게도 점수차는 계속 커져간다.

아이들은 오늘 같은 경기를 한번도 경험한 적이 없어 더욱 난감하다. 아무것도 제대로 해본 것 없이 경기는 끝이 난다. 17 대 0이란 스코어에 고개조차 들 수 없을 지경이다. 오직 서둘러 경기장을 빠져나가고 싶은 마음뿐이다.

독일 코치의 이야기를 바탕으로 당시 현장의 상황을 머릿속으로 그려본 그림이긴 하지만 아마도 경기장의 상황은 분명 이런 분위기로 마무리가 되었을 것이다. 누군가의 눈에는 그저 단순한 해프닝일 수도 있다. 하지만 이런 아이들이 먼 미래에 독일 축구를 대표하는 선수가 된다. 그리고 '볼에 대한 존경심'을 심어주는 작업은 이미 U-6, 여섯 살 때부터 시작되고 있다. 월드컵에만 나가면 승승장구하는 독일 축구대표팀의 '위닝 멘탈리티'(winning mentality)는 이렇게 만들어지고 있었다. 원래부터 이기는 것에 익숙해 있는 팀이 갖는 고유한 특권이기도 하다. 그 출발은 바로 볼(Ball)에 대한 생각에서 시작되고 있었다.

독일 아이들의 '볼에 대한 존경심'과 '위닝 멘탈리티'(winning mentality)를 말하기에 앞서 멘탈리티(mentality)에 관해 잠깐 언급하고 넘어가는 것이 좋을 듯싶다.

우선 '멘탈리티'라는 말의 사전적인 의미를 살펴보면 다음과 같다.

멘탈리티(mentality):
① 심적(정신) 상태, 성격—심리적 관점
② 사고방식, 성향—생활문화적 관점
③ 지력, 지성—철학적 관점

이런 개념들을 종합해 볼 때 멘탈리티에는 지성과 감성, 사고방식이라는 세 가지 범주가 종합적으로 구성되어 있다는 것을 알 수 있다. 쉽게 말해서 지성과 감성 그리고 개인의 성격이나 성향이 다 포함될 수 있는 개념이다. 그러다 보니 요즘에는 선거에서 당선된 정치인의 정치철학에서부터 스포츠맨이나 연예인, 비즈니스맨, 세일즈맨에 이르기까지 광범위하고 **다양한 멘탈리티**가 모습을 드러내고 있다.

하지만 우리가 '멘탈리티'라는 개념을 이해할 때 빼놓지 말아야 할 것이 한 가지 있다. 무엇보다 개인보다 집단에 어울리는 개념이라는 점이다. 우리가 한 사람 한 사람의 멘탈리티를 주목하는 것은 어차피 그 사람을 통해서 우리 사회를 지배하는 전체 분위기를 읽어내기 위함이다. 그렇기 때문에 한 사람의 멘탈리티보다 다수의 멘탈리티에서 사회적인 흐름을 더 잘 읽어낼 수 있다. 또 그것은 한 사회를 지배하는 **사회적인 분위기나 시대정신**과도 맥이 닿아 있다.

개인의 멘탈리티와 사회집단, 특정 공동체의 멘탈리티가 서로 영향을 끼치는 과정을 살펴보는 작업은 생각보다 흥미롭다. 그리고 이런 시도는 아직까지 그다지 많은 결과물이 나온 작업이 아니다. 그래서 의미가 있는 작업이기도 하다.

이미 사회적 흐름이나 시대적 분위기를 이해하는 방식에도 변화가 일기 시작하고 있다. 예전에는 역사적 사건이나 소수의 영웅, 엘리트 들이 중심이 되었다면 이제는 훨씬 다양한 방식으로 사회를 이해하려고 한다. 개인의 기억 속에서 역사를 추론하는 방식도 학계에서 정식으로 인정을 받고 있다.

당연히 이런 방식은 좀더 종합적이고 생동감 있는 시대정신을 읽어낼 수 있는 힘을 지니고 있다. 하지만 그 방법을 찾기가 여간 어려운 일이 아니었다. 그러다 보니 자연히 '개인'을 중심축으로 삼고는 있지만 동력은 없는, 엔진 없는 자동차처럼 되어버린 것도 사실이다. 이제 그 동력을 찾아야 할 때이다. 바로 그것이 멘탈리티에 대한 접근이다

멘탈리티 개념이 정신력이나 사고방식과 관련이 있는 까닭에, 우리는 흔히 강인한 멘탈리티를 만드는 방법도 강도 높은 훈련이나 엄격한 규율에서 찾아야 하는 것으로 여기는 경향이 있다. 앞서 소개한 독일 유소년팀의 '볼에 대한 존경심'이라는 멘탈리티를 잘못 이해하면 엄격한 규율 같은 것으로 오해할 수도 있다. 하지만 그들의 멘탈리티는 규율이나 강제에 의해서 만들어진 것이 아니다. 그것은 스스로의 체험과 경험 그리고 반성에서 비롯된다. 바로 여기에 '17 대 0의 차이'를 이해할 수 있는 열쇠가 있다.

다큐멘터리를 제작하면서 나는 문화적으로도 부자 나라와 가난한 나라가 나누어질 수 있다는 것을 깨달았다. 국민소득이 아무리 높아진다고 해도 그것이 곧바로 문화의 빈곤으로부터 벗어나게 해주는 것은 아니다. 반대로 국민소득이 높은 나라가 꼭 돈이 많아서 문화의 풍요로움을 만끽하는 것도 아니다. 문화의 빈곤과 그 반대인 문화의 풍요로움을 만들어내는 것은 그 사회의 고유한 메커니즘에 있다.

이런 측면에서 봤을 때 문화적으로 유럽 사회는 좋은 멘탈리티를 소유하고 키워나갈 수 있는 여러 가지 조건을 갖추고 있다. 그들이 어려서부터 시작해서 성인이 되고 죽을 때까지 자신의 성숙한 멘탈리티를 찾아나가는 방법 중에 가장 선호하는 수단이 있으니 그것이 바로 '책과 여행'이다.

멘탈리티는 단기간에 성숙될 수 있는 것이 아니다. 오랜 시간 숙성의 과정을 거쳐서 맛과 향을 더하는 와인처럼, 멘탈리티에서는 시간이 제일 중요한 요소다. 아이가 자라면서 좋은 멘탈리티를 얻을 수 있도록 만들어주기 위해서 부모들은 '책과 여행'을 권장한다. 유럽의 유소년팀 아이들이 축구 경기장에서 연습을 하거나 경기를 하는 시간만큼이나 많은 시간을 할애하고 있는 것이 바로 인문학적 교양을 쌓는 일이다. 그들의 눈에는 아무리 천재적인 스포츠 기질을 타고난 아이라도 인문학적 교양을 쌓는 일을 게을리 하면 그 아이에게 미래는 없다. 아무도 그것을 용납하지 않는 멘탈리티가 지배하고 있기 때문이다.

레버쿠젠의 아이들도 예외가 아니다. 책가방을 맨 축구선수, 인문학적 교양을 쌓는 일에 엄청난 시간을 할애하는 유소년 클럽 그리고 참을성 있게 아이들을 기다려주는 부모들, 바로 이것이 '멘탈리티'를 통해 구체화되고 있는 것이다. 책을 든 축구선수는 원정경기를 위해 다른 지방에 갈 때도 단지 경기만을 생각하고 버스를 타지 않는다. 오히려 그보다는 여행의 체험을 하도록 배려하는 모습들에서 오래전부터 이어져 온 고유한 전통을 발견할 수 있다.

이것이 곧 팀의 멘탈리티고, 팀의 독특한 개성을 이룬다. 축구를 배우는 아이들에게 '전통'과 '개성'보다 더 강력한 자극도 없다. 이로부터 독일 유소년 축구선수들의 자신감이 싹터 나간다. 그리고 어린 선수들의 자신감을 통해 독일 국가대표팀의 '위닝 멘탈리티'도 무르익어 간다.

책을 읽는 선수는 경기 또한 상상의 나래를 펼치며 진행한다. 새로운 정보를 얻고 자신의 내면을 심화시키며 미지의 세계를 동경한다. 책을 읽는 선수는 여행을 통해서 자신과의 진지한 대화의 끈을

놓지 않는다. 책이 가득한 여행가방 속에서 선수들의 경기력은 끊임없이 향상되어 나간다.

책, 여행, 축구 적어도 이 세 가지는 함께 어울릴 때 더욱 빛을 발한다. 유소년 선수시절 가장 소중한 것들이다.

우리의 행동을
변화시킨다

다큐멘터리 프로듀서인 내가 대학에서 철학을 전공했다고 하면 대개 사람들의 반응은 두 가지 부류로 나뉜다. 하나는 "어떻게 철학을 전공하고 다큐멘터리 제작을 하죠?" 하고 의아해하는 부류와 또 하나는 "역시 철학 같은 학문은 어디에나 쓸모가 있네요"라며 기본기를 중요하게 생각하는 부류이다.

나는 때로는 대학에서 철학을 전공했다는 것이 참 행운이라는 생각을 하곤 한다. 그 이유 하나를 꼽으라고 한다면, 아마 다들 어렵게만 느껴지는 철학적인 이론이나 개념, 철학자의 이름 정도는 미리 접해 볼 기회가 있었기 때문이라는 것일 터이다. 철학이란 학문이 대중들 속에서 새롭게 인정받고 변화하는 것을 보면 실로 격세

지감이 든다.

불과 10여 년 전만 해도 대학에서 철학이 꼭 있어야 하는지, 없어도 되는 학문은 아닌지 하는 논란이 있었다. 이때 함께 도마에 올랐던 학과들로는 인문학 분야에서는 문학이나 언어학, 역사학 등이 있었고, 자연과학 쪽에서는 수학이나 생물학, 화학, 물리학 등이었다. 어쩔 수 없이 영리를 추구해야 하는 대학의 현실이 낳은 웃지 못할 해프닝 가운데 하나였던 것으로 기억한다.

이렇게 풍전등화처럼 생사 여부가 불투명하던 시절, **나는 철학을 공부했다.** 그러니 적어도 인기를 좇아 선택한 것은 분명 아니다.

요즘에는 하버드대학교 철학교수가 쓴 '정의'에 관한 책을 비롯해서 철학적인 담론이나 이론, 철학자의 생애를 담은 전기들도 많이 출간되고 있다. 저자에 따라 내용은 다르겠지만, 중요한 것은 그 안에 철학사의 흐름들이 고스란히 간직되어 있다는 점이다. 고대 그리스의 철학자들에서부터 시작해서 중세, 근대를 거쳐 현대에 이르기까지 철학자들의 이론이 떠오르고 사라지는 모습은 결국 그 시대를 살았던 인간의 가치관이 변화하는 과정을 잘 보여주고 있다. 이런 철학사의 개념과 이론들을 남보다 먼저 대학에서 접할 수 있었다는 것만으로도 요즘에는 어깨에 힘이 들어간다. 그러니 얼마나 **큰 변화**인지 짐작하고도 남음이 있을 터이다.

사실 철학이 인기를 끌지 못했던 이유는 이론이 어렵게 느껴져서가 아니다. 어쩌면 우리 삶과 별 관련성이 없다고 느끼는 때문일지도 모른다. 요즘 인기를 끌고 있는 철학서적들은 바로 이런 간극을 좁히고 현실의 문제를 해결하는 방법을 철학에서 찾으려 하는 데 그 매력이 있다.

나 역시 이런 사회적 흐름은 **사회가 건강하게 발전하는**데 필수적인 요소라는 것에 동감한다. 좀더 강하게 주장하자면 철학의 이론은 행동의 변화를 불러일으킨다는 데 있다. 인류 역사상 수많은 책들이 있었다. 그리고 그 책들은 인간의 행동을 변화시키는 데 강력한 영향력을 발휘했다. 사회가 불안정할수록 책의 영향력은 더욱 컸다. 그런 역사적인 사례를 찾는 것은 어려운 작업이 아니다. 그중에서도 여행과 관련해서 가장 대표적인 책은 마르코 폴로의 『동방견문록』이 아닐까 생각한다.

마르코 폴로의 이 책은, 당시에는 미지의 땅이라고 생각했던 몽골을 비롯한 아시아 대륙을 여행한 기록이다. 원래 제목이 『세계의 서술』(*Divisament dou Monde*)이었다는 데서 미루어 짐작해 본다면, 동양에 대한 탐구를 목적으로 했다기보다는 그저 더 넓은 세계를

향해 나아갔던 그의 여행에 대한 생각들을 담고 있다고 볼 수 있을
것이다. 그런데 책이 나오자마자 이 책은 유럽을 뒤흔들어놓았다.
13세기만 해도 유럽이 인식하는 세계는 고작 지브롤터 해협을 기
준으로 해서 북으로는 발트 해, 남쪽으로는 아틀라스 산맥까지가
전부였다. 물론 동방에서 온 귀중한 물품들을 통해서 중국이나 인
도의 존재를 알고는 있었지만 그 미지의 땅을 향해 나아가려는 의
지를 찾아보기는 힘들었다. 적어도 당시에 발전된 항해기술을 통
해서 본다면 기술이 부족한 것이 아니라 의지가 부족했다고 말할
수 있을 것이다.

마르코 폴로의 『동방견문록』은 이처럼 생각만 있고 실천이 따르지
않는 유럽인들에게 행동을 이끌어내는 결정적인 자극이었다. 콜럼
버스 같은 탐험가들에게 『동방견문록』은 단순히 책이 아니라 삶을
이끌어주는 지침서였다. 콜럼버스는 이 책을 처음 접하고 죽는 날
까지 모서리가 해어지고 닳을 때까지 읽고 또 읽었다고 한다. 마르
코 폴로가 묘사한 칸의 제국, 도처에 황금이 널려 있고 젖과 꿀이
흐르는 풍요로운 동방의 대지는 콜럼버스에게 무한한 꿈과
자극이 되었던 것이다.

그래서 나도 잠시 내가 살아온 순간들을 되짚어봤다. 돌이켜보면
내가 살아온 시간들 속에서 나의 삶은 무언가의 힘에 의해 변화하

고 이끌려왔다. 그리고 그 변화의 순간순간 공교롭게도 언제나 한 권의 책이 있었다는 사실을 깨닫게 되었다. '변화의 포인트', 그 순간마다 자리 잡고 있는 그 책들은 단지 감상에만 머무르지 않고 적극적으로 내 삶을 변화시키는 행동을 이끌어냈다는 점에서 공통점이 있다.

이런 변화를 느낀 것은 나 혼자만의 경험일까? 취재를 통해서 나는 뜻밖에도 많은 사람들이 나와 비슷한 생각을 품고 있다는 걸 알게 되었다. 살아온 환경이 다르고 살아온 방식이 달라도 사람들의 삶을 변화시키는 중요한 순간마다 책이 자리 잡고 있었다. 종류도 다양하고 내용도 천차만별이지만 늘 우리 주위에는 그렇게 책이 자리 잡고 있었던 것이다.

그렇다면 왜 책은 우리의 행동에 변화를 이끌어내는 것일까? 책이 갖고 있는 힘이 무엇이기에 이런 변화가 가능할까? 나는 이 질문을 갖고 좀더 멀리 여행을 계속해 볼 생각이다.

만약 당신에게 한 달 동안의 달콤한 휴식과 여행지에 대한 자유로운 선택이 보장된다면, 당신은 어느 곳을 선택하겠는가?

아주 가끔이지만 여행을 좋아하는 사람이라면 이런 상상을 해본 적이 있을 것이다. 보통은 그저 술안주 삼아 가십거리로 주고받을 수 있는 말이기도 하다. 하지만 이런 질문에 답을 하다 보면 의외로 흥미로운 사실들이 드러나곤 한다. 여행지에 대한 선택을 할 때는 은연중에 그 사람의 개성과 특성이 나타나기 때문이다.

흔히들 그 사람을 제대로 알려면 **함께 여행을 가봐야 한**다고 말한다. 일상에서는 잘 드러나지 않는 사람의 마음이나 속성이 여행에서는 뜻밖에도 쉽게 드러나곤 한다. 여행은 잘 모르는 사람의 새로운 진가를 알게 해주기도 하고, 반대로 잘 알고 있다고 믿었던 사람의 전혀 다른 모습을 발견할 기회가 되기도 한다. 그런

점에서 보자면 여행은 복잡한 현대사회에서 사람과 관계를 맺어
나가는 데 매우 쓸모 있는 도구라고도 할 수 있을 것 같다.

여행자의 속성은 민족이나 인종별로도 조금씩 차이가 있다. 여행
하고 싶은 나라나 도시는 비슷비슷하지만, 사람에 따라 특정한 패
턴이 있는 것이다. 아마도 저마다 다른 역사나 문화 혹은 환경 같
은 여러 가지 요소들이 복합적으로 작용하고 있기 때문이 아닐까
생각한다. 결국 각자가 꿈꾸는 이상적인 여행의 종착지는 그가 살
아온 배경에 따라 달라지게 마련이다.

예를 들어 만약 영국인들을 만나서 "당신이 꿈꾸는 이상적인 여행
지가 어딘가?"라고 묻는다면, 영국인들은 어김없이 오스트레일리
아나 뉴질랜드를 떠올린다. 그들은 언제나 섬에서 섬으로 탈출을
꿈꾼다. 참으로 흥미로운 일이다. 우리에게 섬이란 고독 혹은 갇힌
공간을 연상시키지만, 섬나라 사람인 영국인들에게는 오히려 섬은
또 다른 안정감을 제공해 주는 것으로 다가온다. 보통의 다른 나라
사람들이 일상으로부터의 탈출을 꿈꾸며 끝없이 펼쳐진 대지를 떠
올리는 것과는 매우 대조적이다.

여러 이유가 있겠지만 어쩌면 한때 오대양 육대주를 제패했던 대
영제국의 힘과 번영이 오늘날에도 태평양 너머 저 거대한 대륙으
로까지 이어지기를 바라는 희망이 담긴 것은 아닐까?

반면에 우리와 가까이 있는 중국 사람들은 또 다르다. 만약 중국인들에게 똑같은 질문을 던지면 그들은 십중팔구 캘리포니아를 떠올린다. 1990년대를 풍미했던 홍콩의 왕가위 감독이 만든 영화 〈중경삼림〉을 기억하는 사람은 이 말에 실감이 갈 것이다.

날이 바뀌면 모두들 어디론가 떠나야 할 것 같은 **세기말 분위기**, 홍콩 젊은이들의 허탈한 삶을 이야기하는 영화 속 주제가 〈캘리포니아 드림〉의 멜로디가 은은하게 기억 속에 떠오른다. 따듯하고 온화한 날씨, 평화롭고 한적한 해변, 〈캘리포니아 드림〉은 그들이 떠나고 싶은 꿈같은 안식처였다.

19세기 중반 캘리포니아에서 황금이 발견되면서 금을 좇아 이민선에 올랐던 중국 이민1세대들, 하지만 그들을 기다리고 있는 것은 가난과 힘겨운 노동의 현장이었다. 그렇게 금을 좇아 캘리포니아로 향했던 이민1세대들은 때로는 금 대신 곡괭이를 들고 서부 개척시대 철도건설 노동자들로 전락해 가기도 했다. 시대는 바뀌었지만 중국인들의 가슴속에는 언제나 일확천금의 대반전을 노리는 기질이 아직도 강하게 흐르고 있는 것은 아닐까? 금을 향해 여행가방을 쌌던 조상들의 DNA는 세월이 흐른 뒤에도 중국인들의 핏줄기 속에 남아 있는 듯싶다.

여행자의 특성을 이야기하면서 빠뜨릴 수 없는 사람들이 있다. 일찍부터 자유로운 여행의 세계에 빠져들었던 사람들이다. 때로는 모험을 즐겼고 언제나 책과 함께 생활하기를 즐겼던 사람들이다.

그들 중에 네덜란드인들이 있다. 누구보다 먼저 글로벌한 마인드를 가지고 전세계 도시를 대상으로 무역을 펼쳤던 그들이다. 그런 네덜란드인들은 뜻밖에도 아프리카를 꿈꾼다. 그중에서도 남아프리카는 그들이 영원히 그리는 꿈의 낙원이다. 이름도 희망봉이라고 붙인 이유가 바로 여기에 있지 않을까 싶다.

한때 네덜란드는 해상무역의 패권을 장악한 유럽의 맹주였다. 더 넓은 곳을 향해 지칠 줄 모르고 바다를 누비던 그들이 아프리카의 끝을 돌아 아시아로 전진할 때, 희망봉은 긴 여행에 지친 선원들에게 달콤한 휴식을 제공했던 곳이었다. 그때부터 네덜란드인들과 아프리카의 인연은 이어졌다. 실제로 영국과의 식민지 전쟁에서 패배하기 전까지 남아프리카에서 맨 처음 정착촌을 만들고 지배권을 장악한 백인들은 보어인의 후손, 바로 오늘날 네덜란드에서 이주한 사람들이었다. 그래서일까? 아프리카의 희망봉은 네덜란드인들에게 아직도 희망의 장소로 기억되고 있다.

그렇다면 우리가 꿈꾸는 곳은 어디일까? 뜻밖에도 우리는 미국인들과 꿈꾸는 도시가 비슷하다. 바로 파리가 그곳이다. 하지만 여행의 종착지는 같지만 그곳까지 도달하는 과정은 전혀 다른 방식을 택한다.

미국인들에게 파리는 단순히 아름다운 도시 그 이상이다. 그곳에는 그들의 건국이념에 담긴 자유주의 사상과 정신적 유산이 뿌리 깊게 스며들어 있는 곳이기도 하다. 1886년 미국 독립 100주년을 기념해서 프랑스인들이 선물한 자유의 여신상 하나만 봐도 미국인들이 프랑스에 얼마나 큰 빚을 지고 있는지를 잘 알 수 있다. "고단한 자들이여. 가난한 자들이여. 자유로이 숨 쉬고자 하는 군중들이여. 내게로 오라." 주춧돌에 새겨진 글귀처럼 '자유의 여신상'은 결코 길지 않은 역사를 지닌 미국인들이 세계의 자유를 수호하는 아메리칸 드림의 선봉장으로 우뚝 설 수 있는 정신적인 버

팀목이었다. 그래서 원래 이름도 '세계를 밝히는 자유'(La liberté éclairante le monde)였다. 자유의 횃불을 높이 치켜들고 파도를 헤치며 대서양을 건너오는 자유의 여신상을 지켜본 많은 미국인들에게 그 출발지인 파리는 일종의 성지와도 같았다.

미국인들이 자신들의 유전적 뿌리인 영국을 제쳐두고 파리를 찾는 이유는 그곳에 유전적인 정보보다 더 깊고 심오하게 흐르고 있는 사상과 문화의 기원이 있음을 알기 때문이다. 그래서 지금도 평범한 미국인들이 가장 먼저 찾는 해외의 도시가 파리다.

반면에 우리가 파리를 동경하는 이유는 미국인들과 사뭇 다르다. 우리의 경우에는 보다 직접적이고 충동적이다. 답답하고 삭막한 콘크리트로 둘러싸인 도시에서 살고 있는 우리에게는 늘 무언가로부터 벗어나려는 욕망이 숨겨져 있다. 밀폐된 도시공간에서 살아가는 사람들에게 파리는 언제나 아름다운 도시 그 이상이다. 게다가 무엇이든 이야기와 연결시키는 것을 좋아하는 한국인들의 기질과도 딱 맞는다. 샹젤리제, 물랑루즈, 카페 플로르, 예술가들의 이야기에서부터 혁명가들의 이야기까지 파리라는 도시는 골목길 모퉁이 돌계단 하나에도 뭔가 사연이 있는 것처럼 느껴진다.

너무나 현대적인 도시에 길들여져 있는 사람들에게 파리는 낡고 오래된 공간의 매력을 마음껏 가슴속 깊이 들이마실 수 있는 도시다. 하지만 그것도 이제는 예전 얘기다. 우리가 꿈꾸는 도시는 늘 한 곳에 머물지 않는다.

우리의 기질이 본래 그렇기 때문이다. 우리는 아마 세상에서 가장 빨리 자신이 꿈꿔왔던 여행의 종착지를 바꾸어버리는 사람들에 해당할 것이다. 다음은 어디가 될까? 점치기도 쉽지 않을 정도다.

여행자의 속성에 따라 그가 꿈꾸는 도시가 달라진다는 것은 참 흥미로운 일이다. 내가 여행의 피곤함과 힘든 여정 속에서도 늘 여행의 즐거움을 잃어버리지 않을 수 있는 것도 바로 이런 개성 있는 여행자들과 함께할 수 있기 때문이다.

나는 언제나 여행자들을 닮으려고 했다. 내가 가는 곳이 어느 곳이든 나는 늘 사람들과 만나 이야기를 나누려 했다. 그곳에서 생활을 하든, 우연히 잠깐 스치듯 지나치든 상관없다. 나는 늘 여행자들을 존경해 왔고 그들에게서 뭔가를 배우려고 했다. 그리고 정말 그들에게서 나는 많은 것을 배울 수 있었다. 그리고 그것은 시간의 나이테 속에 겹겹이 쌓여나갔다. 학교에서는 전혀 배울 수 없는 여행자만의 특권, 그 특별한 이야기들은 여행자의 가방 속에 고스란히 담겼다.

여행의 분위기를 좌우한다

작가들 중에는 의외로 기차 마니아들이 많다. 무엇보다 그들에게
는 기차 안에서 벌어지는 세상이 평범한 일상과 비교도 할 수 없을
정도로 독특한 분위기를 제공하기 때문일 것이다. 기차 안에서는
책을 읽기도 좋고 사색을 하기도 그만이다. 심지어 글을 쓰기에 적
당하다고 말하는 사람도 많다.

반복적으로 덜컹거리는 **기차바퀴 소리**, 이어지는 차창 밖의
풍경, 혼자만의 사적인 공간. 기차 안에서는 이런 조건들이 만족스
럽게 갖춰지면서 느낌이나 정서도 변화한다. 어느 순간 복잡했던
머릿속이 맑아지고 생각지 못했던 아이디어들이 솟아나는 경험을
나도 가끔 한 적이 있다. 요즘은 와이파이 무선인터넷으로 언제든
지 세상과 접속할 수 있고 노트북 하나 정도는 넉넉하게 올려놓을

수 있는 테이블도 마련되어 있어 달리는 기차 안을 창작의 공간으로 활용하는 작가들도 적지 않다.

심지어 『월산』이라는 소설을 발표하여 아쿠타가와 상을 수상한 모리 아츠시는 도쿄의 지하철 야마테센(山手線)을 타고 다니면서 글을 썼다고 한다. 야마테센은 도쿄 도심을 감싸고 달리는 순환전철의 이름이다. 기차도 아니고 전철에서 글을 썼다는 것이 우선 놀랍기만 하다. 매일 아침 전철을 타고 시내를 빙빙 돌면서 지하철에서 만난 사람들의 모습을 보고 느낀 것을 꼬박꼬박 글로 옮긴 것이 시간이 쌓여가면서 마침내 하나의 작품으로 완성되었다고 한다.

사람들로 꽉 찬 복잡한 전철 속이지만 어떤 작가에게는 그곳이 세상을 보는 창이자 **사람들과 소통하는 통로**였을지도 모른다.

사실 교통수단의 발달로 여행시간이 줄어들고 이동이 편리해진 것만 놓고 본다면, 이제 더 이상 여행은 고행이 아니다. 그래서 요즘은 일부러 힘들게 여행의 길을 자처하는 사람들도 늘고 있다. 그럼에도 역시 여행하면 자연스럽게 기차가 떠오른다.

그만큼 **기차와 여행**은 오래 전부터 떼려야 뗄 수 없는 관계에 놓여 있었다. 적어도 여행의 멋과 낭만을 떠올릴 때 가장 먼저 생각나는 것은 역시 기차여행이다. 밤을 새워 달려가는 야간열차에 몸을 맡기고 별을 올려다보며 낯선 땅을 여행하는 것만큼 여행의 분위기를 고조시키는 것도 드물 것이다.

하지만 이런 낭만적인 기차도 처음 등장했던 시절에는 충격과 두려움의 대상이었다. 1820년대 영국에서 처음 모습을 보였던 증기 기관차의 평균속도는 약 40km 정도였다. 이것은 당시에 가장 빠른 교통수단 중의 하나였던 우편마차와 비교해 보면 서너 배 빠른 속도다. 평소에 다니던 장소까지 걸리던 시간이 어느 날 갑자기 1/3 정도로 줄어든 셈이다.

이 수치를 지금 우리 삶에 대입시켜 보면 그 효과가 얼마나 컸을지 충분히 예상할 수 있다. 서울에서 부산까지 KTX를 타고 2시간 30분 정도 걸리던 것이 어느 날 갑자기 50분 정도로 줄어든 것이나 다름없는 셈이니 말이다. 부산까지 걸리는 시간이 50분 정도로 단축된다면 모르긴 몰라도 아마 우리 삶에 큰 변화가 생겨날 것이다.

그런데 변한 것은 시간만이 아니었다. 시간 개념이 변하면서 자연스럽게 공간에 대한 생각도 바뀌어나가기 시작했다. 한마디로 '공간의 수축' 현상이 나타난 것이다. 1839년 『계간 리뷰』(*Quarterly Review*)라는 잡지의 한 기사에는 이런 말이 씌어져 있다. "사람들이 이제까지 세계의 여러 나라들이 서로 영원히 나뉜 채 존재할 것이라고 생각해 왔던, 그 공간과 거리들이 점차적으로 그리고 마침내는 완전히 소멸해 버렸다.”

독일의 하이네는 이렇게 시공간의 개념이 급속하게 변화하는 시대
상을 가리켜 “철도가 공간을 살해했다”고 읊었다. “무시무시한 전
율, 결과를 예상할 수 없고 예측할 수도 없는 엄청난 일 혹은 전례
가 없는 일이 일어났을 때 우리가 가지는 그런 무시무시한 느낌”을
받았다고 고백했다. 그는 여기에 덧붙여서 철도를 화약과 인쇄술
다음으로 “인류에게 커다란 변화를 가져오고 삶의 색채와 형태를
바꿔놓는 숙명적인 사건”이라고 표현했다.

지금에서 보면 조금 과장되고 허풍스럽게 여겨질지 모르지만, 당
시로 돌아가서 생각해 보면 어느 정도 납득이 가는 말들임에 틀림
없다. 이제 시간과 공간에 대한 기존의 생각들이 변화하고 스피
드를 즐기는 일이 쾌락이 되어갔다. 하지만 곧 이어 등장한 자동
차 시대에 밀려 기차는 그 자리를 양보할 수밖에 없는 처지가 된다.
20세기에 들어서자 철도의 몰락이라 부를 수 있는 일들이 나타나
기 시작한 것이다. 그리고 이 현상은 역시 철도의 종주국 영국에서
가장 먼저 나타났다. 그것도 가장 비극적인 형태로 말이다.

영국 철도의 역사를 말하면 꼭 등장하는 인물이 한 사람 있
다. 그에게는 영국인들에게 가장 치욕스럽고 저주받은 정치인이란

꼬리표가 늘 따라다닌다. 리처드 비칭(Richard Beeching)이라는 인물이 바로 그 주인공이다.

산업혁명으로 시작해서 전성기를 누리던 영국 철도산업은 1950년대 들어서면서 서서히 침체기에 접어들기 시작한다. 특히 1960년대부터는 영국의 경제체질을 변화시키지 않고서는 영국 경제의 미래도 없다는 극단적인 주장들이 힘을 받는다. 효율성이 모든 판단의 잣대가 되었고 능률을 올리지 못하는 공장이나 조직은 혁신의 대상이 되었다. 일종의 구조조정이 시작된 것이다.

이렇게 경제에서부터 시작된 체질 개선작업은 심지어 문화와 예술 분야에까지 번져나갔다. 낡고 효율성이 떨어진다고 판단되는 건축물을 부수고 새로운 고층건물들이 들어서기 시작했으며 구시대적 가치관을 반영한 작품도 평가의 도마에 올랐다. 찬란했던 빅토리아 시대로의 복귀를 최고의 명예로 간직해 오며 낡고 오래된 유산들을 지켜오던 영국의 예술가 그룹들과 시민들이 이런 정부의 움직임에 반기를 들고 저항하기 시작했다.

하지만 **역사의 물결**은 아무도 막을 수 없었다. 드디어 산업구조의 개편작업이 본격화되고 이 와중에 영국 전역을 거미줄처럼 연결시키고 있던 철도노선이 첫번째 수술대에 오른다. 산업혁명의 상징이자 영국 경제의 활력을 지탱시켜 왔던 철도가 오히려 지나치게 많아져서 그 효율성을 상실했다는 논리였다.

숱한 논란 끝에 1963년 철도협회 의장으로 선출된 리처드 비칭은 승객과 화물 운송 감소로 경제성이 떨어진 철도노선을 폐쇄하는 조치를 단행한다. 이 조치가 당시 영국인들에게 얼마나 냉혹하게 다가왔는가는 사람들이 '비칭의 도끼날'이라고 비아냥거린 것만 봐도 잘 알 수 있다. 순식간에 선로가 뜯겨져 나가고 기차역은 흔적조차 없이 사라졌다. 선로 폐쇄조치가 정점에 다다랐던 1960년대 말까지 영국 전역에서 무려 2천 개의 기차역이 흔적도 없이 사라졌다.

철도를 영국 산업의 상징이자 전통으로서 자부심을 갖고 있던 영국인들에게는 충격적인 일이 눈앞에서 벌어진 것이다. 수많은 탄원이 잇따르고 반대집회가 이어졌지만 비칭의 단호한 의지를 꺾을 사람은 아무도 없었다.

효율적인 산업구조를 만들어내겠다는 비칭의 과욕과 정부의 근시안적인 정책 속에서 영국 철도는 한 순간에 몰락하고 만다. 영국 전역을 마치 도시 지하철처럼 촘촘하게 연결해 왔던 주요 간선철도들이 사라지고, 런던과 맨체스터 등 몇몇 대도시를 중심으로만 철도의 명맥이 유지되었다.

특히 이런 비칭의 정책결정에는 1960년대부터 시작된 자동차

산업의 육성이 그 배경을 이루고 있었다. 자동차를 중심에 놓는 정책은 결국 철길보다 자동차도로를 더 많이 만드는 일로 이어졌고, 자동차도로가 영국의 미래를 책임져 줄 것이라 믿었다. 그렇지만 이런 결정은 곧 이어 실패로 귀결되고 만다.

정책을 추진했던 비칭에게 시민들은 영국 역사상 '가장 저주받는 정치인'이라는 오명을 붙여준다. 하지만 어느 누구도 제조업의 최고 강자로 군림하던 영국 경제가 급속도로 악화되는 것을 막을 수는 없었다.

사라진 기차역의 부활

한편 기차를 타고 전원의 풍경을 즐기며 여행을 하거나 고향으로 돌아가는 것이 일상화되어 있던 영국인들은 이제 더이상 기차를 타고 낭만적인 분위기를 즐길 수 없게 된 것을 아쉬워했다. 비록 낡고 녹슬었지만 고향의 정취와 포근한 마음들을 이어주던 지방의 기차역들이 순식간에 사라진 것은 영국인들에게 커다란 상실감이었다. 이 상실감은 곧 다음 선거에까지 영향을 미치고 비칭은 실각하고 만다. 새로 구성된 정부는 '비칭의 도끼날' 정책이 기대했던 것만큼 효과적인 성과를 올리지 못했고, 영국의 소중한 전통과 유산을 잃어버린 실패한 정책이라며 강도 높게 비판했다.

그러나 시간을 되돌리기에는 너무 늦어버렸다. 부랴부랴 몇몇 폐쇄된 철도노선들을 복구하려는 시도가 진행되었지만 막상 다시 선로를 만들고 기차역을 짓기에는 그 비용이 만만치 않았다. 결국 사라진 기차역들을 복원하는 작업은 역사 속으로 사라져 갔다. 사람들은 이제 이런 공허한 심정을 기차모델을 만들거나 낡은 사진을 바라보며 달랬다.

우리에게도 친숙한 〈토마스와 친구들〉이라는 애니메이션이 인기를 끈 데는 이런 영국의 탈근대화 과정에서 있었던 사건들이 배경을 이루고 있다. 〈토마스와 친구들〉을 통해 영국인들은 자신들의 잃어버린 고향에 대한 향수와 그리움 그리고 사라진 전통을 되찾으려 했다.

그 결과 잃어버린 꿈을 복원하기 위한 사람들이 하나둘 생겨나기 시작하는데, 바로 그것이 '헤리티지 레일웨이'(Heritage Railway)라는 영국식 '철도문화유산 복원운동'이다. 시민들의 자발적인 참여 속에서 영국 철도의 전통을 되살리겠다는 노력이 결실을 맺은 것이다. 영국 전역에서는 '헤리티지 레일웨이'를 통해서 폐쇄된 기차선로나 폐기처분 직전의 기관차들을 되살려 관광열차로 활용하는 시도가 유행처럼 일어났다. 활동에 필요한 자금과 인력은 모두 일반시민들의 자발적인 참여로 충당했다.

영국인들의 낡은 기차에 대한 애정과 아쉬움이 어느 정도인가는 철도문화유산협회가 보고한 자료를 보면 잘 알 수 있는데, 2009년 현재까지 250개의 지원단체들이 생겨났으며 '비칭의 도끼날' 정책으로 폐쇄되었던 기차역과 선로 가운데 무려 100여 군데가 시민들의 손으로 다시 복구되었다. 비록 정상적인 여객수송이나 화물운송의 기능을 완전히 회복한 것은 아니지만, 시민들의 손으로 하나하나 복구된 선로 위로 정기적인 열차운행이 이뤄지고 있다는 것은 놀라운 일이 아닐 수 없다.

최근에는 이를 통해 관광산업으로 발전시켜 적지 않은 소득을 올리고 있고 지역도 증가하는 추세다. 마을의 정체성을 회복하고 주민들에게 자신들이 살고 있는 고장에 대한 자부심을 불러일으키는 기능을 기차가 담당하고 있는 것이다.

철도문화유산 복원운동의 가장 성공적인 사례이자 영국에서 첫번째로 부활된 탈린린 철도(Talyllyn railway)는 현재 일주일에 5회 정규 열차운행을 하고 있는데, 마치 〈토마스와 친구들〉의 이야기를 그대로 옮겨놓은 듯한 착각이 들 정도로 동화적인 요소들을 마을 곳곳에 심어놓고 있다.

특히 철도를 학교 교육 프로그램을 접목시킨 부분이 인상적이다. 이런 프로그램을 통해서 아이들은 안전하게 철도가 운영되기 위해서 필요한 규칙들이 무엇인지를 배우고, 하루 동안 기관사가 되어 직접 기차를 운행하면서 책임감을 키워나간다. 심지어 고장난 기차의 부품들을 수리하거나 선로를 복구하는 작업에도 참여할 수 있는 기회를 주고 있어 다양한 방면에서 교육적 활용가치가 높다. 최근에는 수학여행이나 생일파티의 공간으로 기차역을 빌려주고 있을 만큼 부모들의 성원 또한 대단하다.

이렇듯 영국 철도의 역사에는 숱한 우여곡절이 있었다. 비칭의 주도로 단행된 철도 폐쇄조치로 영국 경제는 그 근간의 동력을 잃어버렸다. 공교롭게도 제조업을 기반으로 한 영국 경제가 몰

락하기 시작한 시점도 이 시기와 거의 일치한다. 효율성이라는 명목 아래 사라졌던 2천 개의 기차역들은 단순한 기차역 이상의 가치를 지니고 있었던 것이다.

실제로 이 조치로 인해서 여객 수송량은 눈에 띄게 감소했고 이것은 곧 관광산업에 치명적인 영향을 끼쳤다. 녹색의 들판 위를 하얀 연기를 내뿜으며 힘차게 달리던 전형적인 영국적 이미지가 사라진 것이 원인이었다. 심지어 지방의 작은 마을들에서는 생활에 필요한 필수품들이 제때에 공급되지 못해 사람들이 마을을 떠나는 일까지 발생했다. 철도를 없앰으로써 경제의 체질을 바꿔 경제를 활성화시키겠다는 계획이 오히려 경제가 존립할 수 있는 토대를 무너뜨린 꼴이 되고 만 것이다.

1984년 〈토마스와 친구들〉이 처음 TV전파를 탔을 때 영국인들은 너나 할 것 없이 TV 앞에 모여들었다. 비록 어린이들을 위해 만들어진 애니메이션이었지만 추억을 잃어버린 어른들의 마음을 다독거려 주기에도 충분한 내용을 담고 있었다. 사람들은 TV에 등장하는 작은 기관차들이 서로 경쟁하듯 달리며 협동하고 때로는 욕심을 부려 탈선하기도 하는 모습들을 보면서 삶의 교훈을 얻었고, 이제는 더 이상 탑승할 수 없는 **옛 기관차들의 이야기** 속에서 추억을 떠올릴 수 있었다.

잃어버린 2천 개의 기차역 대신 영국인들은 스토리 하나를 새로 얻은 셈이다. 그 기차 이야기는 지금도 전세계 많은 나라로 끊임없이 퍼지고 있다. 정말 대단한 **기차의 힘**이 아닐 수 없다.

책을 든 여행자들

사실 '책과 여행'이란 주제를 가지고 글을 쓸 생각을 하게 된 계기는 유럽을 취재하면서 만난 두 명의 젊은이들 때문이다. 지금 생각해 봐도 그들을 만난 것은 참 행운이었다. 누구에게나 한두 가지쯤은 운이 따르는 일이 있게 마련이다. 제비뽑기에서 늘 제일 좋은 것을 뽑는다거나 먹을 복이 있어서 맛있는 음식이 차려진 곳에는 어김없이 짠하고 나타나는 사람들이 있다. 나에게도 그런 식의 행운 한 가지가 있는데, 다름아니라 '사람 복(福)'이다.

돌이켜보면 늘 그랬던 것 같다. 다큐멘터리를 제작하는 작업은 짜여 있는 각본대로 움직이지 않기 때문에 현장에서 어떤 사람을 만나서 어떤 이야기를 나누게 되는지가 매우 중요하다. 물론 사전 정보수집 차원에서 미리 뒷조사 같은 걸 하는 경우도 있지만, 취재처를 확보하지 않고 무작정 현장에서 길을 찾아가는 경우에는 사전 리서치는 상상도 할 수 없는 일이다.

그때도 그랬다. 2009년 10월, 유럽에서 기차를 타고 나만의 '유레일 루트'를 지도 위에 그리는 작업을 하면서 나는 말 그대로 그 넓은 유럽의 대지 곳곳을 헤매고 다녔다. 생면부지, 아는 사람 하나 없이 달랑 배낭 하나 짊어지고 다니면서 때로는 기차를 놓쳐 다음 기차가 올 때까지 기차역에 쭈그리고 앉아 노숙도 해봤다. 그럴 때는 언제나 영화에서처럼 부슬부슬 비도 내린다.
하지만 그때마다 짠하고 등장하는 고마운 사람들, 나는 그들 덕분에 늘 새로운 경험에서 남들보다 한두 가지 정도는 더 얻는 행운을 누리곤 했다. 그래서일까, 나는 처음 만나는 낯선 사람에게도 말을 잘 거는 편이다. 어차피 직업적인 이유에서도 필요하고, 또 낯선 사람에게 말을 걸기 전 망설이는 몇 분 동안의 긴장감이 때로는 즐겁기도 하다. 지금껏 이 책에서 이야기한 것들의 팔구십 퍼센트는 아마도 내가 이런 **낯선 사람들과의 만남**을 즐겼기에 가능한 일들이 아니었나 싶다.

낯선 사람들에게 먼저 말을 걸고, 자연스럽게 대화로 이어지고 때로는 그것이 인연이 되어서 친구가 되고, 연인이 되는 일도 가능하다. 무엇보다 낯선 사람에게 말을 걸기 위해서는 어느 정도 방법을 알고 있는 게 좋다.

내가 전해 들은 한 영국인 할아버지는 이런 낯선 사람과의 대화를 즐기는 일종의 '낯선 대화' 마니아다. 그는 항상 말쑥하게 차려입은 모습으로 공공장소에 등장한다. 때로는 손에 작은 지도 하나를 들고 서 있을 때도 있다. 그리고는 사방팔방 전후좌우 이리저리 무언가를 찾는 시늉을 한다. 잠시 후 그의 눈에 말을 걸고 싶은 낯선 여성의 모습이 들어온다. 그가 서 있는 방향으로 걸어오는 여성, 그 순간 할아버지의 행동도 커진다. 때때로 그 대상이 젊은 여성일수록 할아버지의 행동은 더욱 커진다. 마침내 한두 걸음 앞에 다가온 여성에게 그는 길을 묻는다. 목적지는 아무 곳이라도 좋다. 가급적이면 몇 분이라도 걸을 수 있는 거리에 있는 곳을 정하는 게 좋다고 한다. 그래야 불쌍한 할아버지를 위해서 직접 길을 안내하겠다고 앞장을 설 테니까 말이다. 그렇게 할아버지는 아주 자연스런 방식으로 몇 분 동안 낯선 여성과 함께 길을 걷는다. 그러면서 이런저런 이야기를 나눈다.

그는 이런 짧은 낯설음을 즐기는 마니아이다.

만약 당신 앞에 이런 할아버지가 나타난다면 주책없는 노인네라고 비난만 할 수 있을까? 글쎄, 판단은 여러분의 몫이다. 하지만 그가 낯선 사람과 몇 마디 이야기를 나누는 행위를 도덕적으로 문제 삼는다면 세상에 두 다리 펴고 살 수 있는 사람은 거의 없을 것이다. 중요한 것은 낯선 사람과 자유롭게 대화를 나누는 방식이고 사람을 대하는 세련된 태도다. 적어도 이런 자유와 세련됨만은 그냥 얻어지는 것이 아니다. 나름대로 노력하지 않고서 얻어지는 것은 없다. 그리고 세상을 살면서 이런 양념처럼 재밌는 일 몇 가지는 갖고 있어야 세상사는 재미도 있는 법이니까 말이다.

영국인 할아버지만큼은 아니지만 나도 어느 정도는 낯선 사람과의 대화를 즐기는 편에 속한다. 그냥 그런 짧은 대화가 즐겁기도 하고 때로는 모르는 것을 알게 되어서 좋다. 아무래도 잘 알고 있는 친한 사람보다는 모르는 사람에게서 전혀 몰랐던 새로운 것을 알게 될 확률도 높다.

나는 그렇게 낯선 유러피언들과 만나고 싶었다. 카페나 식당, 심지어 도서관 계단이나 기차역 광장에서도 나는 배낭을 짊어지고 자유롭게 유럽 대륙 곳곳을 여행하는 낯선 젊은이들과 이야기를 나눴다. 그들은 대부분 갑작스런 이방인의 등장에 당황하거나 어색해하지 않았다. 불쑥 던지는 인터뷰 요청에도 언제나 진지하면서도 재치 있게 답을 해주었다.

그들과 대화를 나누는 것은 색다른 즐거움이었다. 논리적이면서도 한편으로는 단순히 그 논리의 틀 안에 모든 것을 가둬놓을 수 없는 묘한 정서가 흘러넘친다.

나는 그것을 한마디로 '여행자의 멘탈리티'라고 말하고 싶다. 감성이나 논리보다 훨씬 풍부하고, 개인적이면서도 끊임없이 자기만의 이기적인 관점과 거리를 두려고 하는 절제된 모습, 그것이 바로 내가 젊은 여행자들에게서 느낀 멘탈리티였다.

그중에서도 가장 인상적인 사람들을 들라면 나는 베를린의 기차 안에서 만난 두 젊은이를 꼽고 싶다. 6시간이나 걸리는 긴 여행 동안 우리는 목적지인 암스테르담에 도착할 때까지 쉬지 않고 이야기를 나눴다. 대학교 3학년으로 자신들의 이름을 독일 출신 리자와 드류라고 소개한 그들은 유럽의 여느 젊은이들처럼 자유롭고 낙천적이면서도 유머를 잃지 않는 젊은이들이었다.

미국에서 시작된 금융위기가 유럽을 덮치면서 요즘 유럽 경제도 말이 아니다. 경제난이 계속되고 취업률이 하락함에 따라 이제 막 사회 진출을 앞둔 젊은이들의 마음고생도 이만저만이 아니다. 게다가 대부분 스무 살을 전후해서 부모로부터 독립하는 것이 일반화되어 있다 보니 아르바이트만으로 생활을 꾸려가는 젊은이들의 경우 여간 힘든 것이 아니다.

이렇게 어려운 생활 속에서도 그들이 뒤로 미루거나 포기하지 않는 것이 한 가지 있으니, 그것은 바로 여행이다. 그들의 머릿속에 여행은 일종의 생활필수품쯤으로 자리를 잡고 있는 듯 보였다. 시간이 나서 가는 것이 아니고, 돈이 생겨서 가는 것이 아니라 그냥 자연스럽게 마음이 차고 기울면 훌쩍 배낭 메고 떠나는 그런 여행자의 모습이라고 말하고 싶다.

터질 듯이 꽉 찬 여행가방에서는 길거리 노숙도 불사하겠다는 단호한 의지가 역력하게 드러났다. 침낭은 물론이고 버너와 코펠 같은 간단한 취사도구들도 필수품으로 갖추고 있다. 그리고 가방 속에는 언제나 한두 권의 책은 꼭 넣고 있었다. 대학교 3학년생이라고는 믿기지 않을 정도로 그들은 세상에 대한 해박한 지식과 뚜렷한 주관을 가지고 있었다. 그만큼 유럽의 젊은이들이 '책과 여행'을 통해서 단련된 까닭일 것이다.

리자와 드류도 그런 젊은이들이었다. 이번 여행을 위해서 석 달 동안 각자 아르바이트를 해서 돈을 모았다고 한다. 그들이 정한 여행지는 동유럽. 자신의 뿌리이기도 한 폴란드를 비롯해서 헝가리, 체코, 루마니아, 불가리아 등이 목적지다. 여행비용을 아끼기 위해서 인터넷을 통해 숙소도 미리 정해 두었다. 그들의 이야기를 듣다 깜짝 놀랐던 것이 한 가지 있다.

그것은 '홈 스와프'(home swap) 서비스이다. 일종의 '집 교환' 프로그램이라고 생각하면 이해가 빠를 것이다. "세상에! 여행을 위해서 집을 교환한다고!" 처음 들어보는 이야기였다. 때로는 스와프라는 단어가 갖고 있는 부정적인 뉘앙스 때문에 '홈 익스체인징'(home exchanging)이라고도 한다. 말만 다를 뿐 집을 통째로 바꾸는 점에서는 똑같다.

사실 여행에서 가장 비용이 많이 드는 것이 숙박비다. 아무리 싼 유스호스텔에서 묵는다고 해도 하루 숙박비로 1인당 4만~5만 원 가량은 지불해야 한다. 하루 이틀 정도라면 그리 문제될 것도 없겠지만, 장기간 여행을 한다고 가정한다면 숙박비만 수백만 원이 든다. 그런데 만약 이 경비를 하나도 들이지 않을 수 있다면, 여행이란 것도 그만큼 부담이 덜되지 않을까?

내가 만난 두 사람이 '홈 스와프'를 선택한 이유가 바로 이 때문이었다. 어차피 여행을 떠나면 자신들이 살고 있는 집은 텅 비게 된다. 그렇게 한 달이고 두 달이고 비어 있는 집이지만, 울며 겨자 먹기 식으로 집주인에게 월세도 내야 한다. 그러니 집은 그대로 놔둔 채 사는 사람만 살짝 바꾼다면 만족스런 결과가 동시에 얻어지는 것이다.

그들의 '홈 스와프' 이야기를 듣고 두 가지 놀란 점이 있다. 하나는 앞서 말한 대로 여행을 위해서 집을 바꾼다는 기발한 아이디어 자체이고, 또 하나는 집 자체에 대한 그들의 생각이다.

그들에게 집이란 편하게 잠을 자고 식사를 하고 가족과 함께 행복한 생활을 영위하는 삶의 공간 그 자체다. 우리처럼 집에 투자를 해서 시세차익을 올리겠다는 생각 따윈 애초부터 머릿속에 없다. 집이란 공간이 안전하고 은밀한 사적인 공간이란 점에서는 동일하지만, 그렇다고 집을 위해 인간이 맞춰서 살아야 한다는 의무감 같은 것은 그들에게서 찾아볼 수 없다. 나는 그들의 이야기를 들으면서 문득 우리가 집에 대해서 지나치게 집착을 해온 것은 아닌가 하는 생각이 스쳤다. 중요한 것은 집이란 공간이 결코 사람보다 더 소중한 존재가 될 수는 없다는 점이다.

이런 **집에 대한 개념의 차이**는 여행에 대한 개념에서도 차이를 가져온다. 보통은 조금만 더 돈을 모아서 더 편하게 여행을 즐기자는 것이 우리가 갖고 있는 여행의 출발방식이다.

반면에 그들의 출발은 보다 직접적이고, 어떤 면에서는 합리적이기까지 하다. 빈 집을 서로 교환해서 경비를 아끼고 그 돈을 다른 곳에 사용한다면, 여행이란 거창한 이벤트가 아니라 생활 속의 한 부분이 될 수도 있다는 생각. 그들의 여행이 우리보다 훨씬 가볍게 느껴지는 이유가 바로 이런 데 있었다. 늘 그렇듯이 생각이 생각을 만든다. 생각의 차이 하나가 행동의 차이를 불러오고, 그 생각의 차이 하나로 삶의 질이 달라질 수 있다.

이런저런 생각을 하는 사이에 어느덧 기차는 목적지에 다다랐다.

우리는 서둘러 각자의 짐을 챙겼다. 리자와 드류도 분주하게 짐정리를 시작했다. 빠뜨린 것이 없는지 서로 상대편의 짐칸도 확인해 줬다. 잠시 침묵이 흐른다. 나의 목적지는 암스테르담, 그들의 목적지는 암스테르담에서 한 정거장 전에 정차하는 할렘이란 곳이다. 정거장에 내려서 그들은 생면부지의 낯선 사람들에게 전화를 할 것이다. 그들의 안내를 받아 처음 가보는 낯선 집으로 들어갈 것이다. 그곳에는 그들이 한번도 본 적 없는 낯선 사람들의 삶이 고스란히 남아 있을 것이다. 그리고 그렇게 리자와 드류가 살고 있던 집에도 낯선 여행자들이 편안한 안식을 찾아 들어설 것이다.

기차가 덜컹거리며 멈추려고 한다.

서로 자리에서 일어난다.

"Bon Voyage!"

여행자들만의 주기도문인 "봉 보야주"로 작별인사를 한다. 힘든 여행길에서 여행자의 안전과 행운을 빌어주는 그 인사말은 언제 들어도 정겹다. "Bon Voyage!" 나도 그들을 축복해 준다.

드류와 악수를 했다. 리자와는 가볍게 포옹을 했다. 처음 들어올 때의 모습과 반대로 두 사람은 커다란 배낭을 메고 다시 좁은 통로로 나간다. 기차가 완전히 멈춘다. 리자가 고개를 돌려 내게 손을 흔들어 보인다. 정겹다. 짧지만 가슴에서 울컥하고 뭔가 올라올 것 같은 느낌, 여행에는 늘 만남이 있고 또 헤어짐이 있지만, 아쉽다. 검정색 커다란 배낭 뒤로 삐죽 튀어나온 희고 뭉툭한 물체. 리자가 읽고 있던 『율리시즈』라는 책 한 권이 보인다.

문득 내게는 리자의 그 여행가방이 책가방처럼 보였다.

A1-A5
Men
A2
A4

책과 여행의
멘탈리티

독서는

인간이 가장 고통스럽게
충족시켜야 하는

욕망이다

생각이 생각을 만든다

이제 나의 '책과 여행'에 관한 이야기도 어느새 팔부능선 정도는 넘은 것 같다. 남은 이야기들은 처음 이야기를 시작했던 순간부터 늘 머릿속에 담고 있던 생각들을 구체화하고 실천할 수 있는 방법들을 찾는 것이다.

확실히 요즘에는 세상의 가치관이 급격하게 변화하고 있음을 실감할 수 있다. 사람과 사람, 사람과 물질, 심지어 물질과 물질 사이의 관계도 끊임없이 변화한다. 이런 변화를 한마디로 요약하기는 쉽지 않지만, 물질이 중심이 되는 시대에서 벗어나서 '비물질적 가치'가 우세해진 시대라고 정의하고 싶다.

어떻게 보면 '책과 여행'이란 소재 역시 단순히 사물로 존재하는 책의 물성(物性)이나 여행의 코스에만 매달리려고 한 것이 아니었다.

그보다는 책과 여행을 한자리에 모아놓고 뒤섞어보면서 이야기해보는 색다른 재미, 뭐 그런 것이 지금까지 이 글을 쓸 수 있도록 지탱해 준 힘이기도 하다. 사실 그동안 책과 여행을 한꺼번에 놓고 이야기할 기회가 적었던 것은 사실이다.

이렇게 나는 '책과 여행' 안에 숨겨져 있는 '비물질적인 가치'를 찾으려는 노력을 통해 인생을 살아가는 지혜가 더 풍요로워질 수 있다는 믿음을 가지고 있다. 다다익선이라고, 그런 삶의 가치는 많으면 많을수록 유리하다. 나는 사람들이 살아가는 생활과 환경 속에서 늘 함께 공유되어 온 생각이나 가치를 찾고자 했다. 그리고 그것을 '멘탈리티'라는 이름으로 표현했다.

물론 이런 멘탈리티를 찾는 작업이 조금은 뜬구름 잡는 것처럼 느껴지기도 한다. 잡으려고 다가가면 다가갈수록 어느새 저만큼 멀리 떠나버린 신기루처럼, 때로는 파도 사이로 몸통을 슬쩍 드러내는 긴수염고래의 등짝처럼 보일락말락거린다. 하지만 그 과정 자체가 때로는 즐겁다.

중요한 것은 우리의 삶에 알게 모르게 영향을 끼치고 있는 멘탈리티의 존재를 인정하느냐 인정하지 않느냐 하는 것이지, 막상 그것을 찾기로 마음먹고 떠난 여행은 그다지 고통스럽거나 힘들지 않다. 사람은 결국 자기가 보고 싶은 것을 보게 된다.

정말 사람의 생각이란 신기하다. 거의가 마음먹기에 따라 생각이 현실이 되기도 한다. 그럼 한번, 내친김에 사람의 마음이 지닌 힘을 측정해 볼 수는 없을까?

놀랍게도 이런 호기심을 직접 **실천에 옮긴 사람들**이 있다. 1953년에 미국 예일대학교의 한 심리학 교수는 사람들이 자신의 꿈을 얼마나 실천하는지, 또 그 꿈을 실천하기 위해서 절대적으로 필요한 것은 무엇인지 밝혀내고 싶어했다. 그러던 중 우연히 그는 30년 전에 자신의 수업을 들었던 학생들의 이름이 적힌 강의노트를 찾아냈다. 그 노트에는 간략하게나마 각자의 희망과 꿈이 적혀 있었다. 졸업을 앞둔 시점, 당시 교수는 몇 가지 단순한 질문을 던졌다.

첫번째 질문은 학생들이 얼마나 삶의 목표를 확고하게 갖고 있는지에 관한 질문이었다. 그 질문에 67%의 학생들이 아직 뚜렷한 목표가 없다고 대답했다. 30%는 목표가 있지만 그것을 구체적으로 생각해 본 적은 없다고 답했다. 그런데 나머지 3%의 학생들은 구체적인 목표와 꿈을 갖고 있으며, 그 꿈과 목표를 일기나 다이어리 등에 구체적으로 적어놓았다고 대답했다. 교수는 30년이 지난 뒤 학교측의 도움을 받아 당시 설문에 참여했던 학생들의 연락처를 수소문했고, 일일이 연락을 할 수 있었다.

30년 후의 결과는 실로 놀라웠다.

모두가 더 나은 삶을 향해 꿈을 키우고 살아갔다. 그런데 자신의 꿈을 향해 도전해 온 그 많은 학생들 가운데서, 꿈과 목표를 글로 써서 남겨놓았던 그 3%가 축적한 재산은 나머지 97%가 전부 모은 것을 능가했다. 뿐만 아니라 자신이 하고 싶은 일을 위해 열정적으로 살아온 그 3%는 그동안 자신의 삶은 무척 행복한 순간들이었다고 회고했다. 3%의 존재는 교수의 마음속에 깊은 생각을 남겼다. 그는 곧 생각을 얼마나 구체화시키고 살아가느냐에 따라 사람들의 생각이 갖는 힘과 세기도 달라진다고 믿게 되었다.

사람의 생각 하나가 얼마나 큰 힘을 가져올 수 있는지를 잘 설명해 주는 대표적인 사례이다.

생각은 **전염성이 무척 강한 속성**을 가지고 있다. 생각이 전염되는 속도 또한 우리의 상상을 초월한다. 뿐만 아니라 생각이 전염되는 경로나 과정에 따라, 그것을 표현하는 방식도 달라진다. 한 사람의 생각이나 꿈, 이상이 중심이 되어서 다른 사람의 생각을 끌어들이는 경우, 그때의 생각은 '사상'(思想)이라고도 불린다. 이 경우 무엇보다 먼저 남들에게 모범을 보여주거나 희생을 통해 감동을 주는 위대한 사상가가 존재해야 한다.

반면에 개개인의 생각이나 꿈들이 그물망처럼 얽히면서 조직될 때도 있다. 이 경우 누가 그 사상을 처음 퍼뜨렸는지 알아내기는 어렵다. 위대한 사상가의 모습도 보이지 않는다. 하지만 분명 그들을 하나로 묶어주는 강력한 유대감이 존재하는 것만은 부정할 수 없다. 이렇게 개인의 생각들이 자율적이고 그물망처럼 서로 촘촘하게 엮일 때 형성되는 것이 바로 멘탈리티다.

멘탈리티는 그래서 한 조직이나 집단의 '꿈의 집합체'라 할 수 있다. 때로는 이런 멘탈리티가 국가와 같은 더 큰 틀에서 작용을 할 때도 있다. 고리타분한 얘기로 들릴 수도 있겠지만, 지난 1960~70년대에 가난을 이겨내겠다는 사람들의 정신이 없었다면 우리 사회의 탈근대화가 그렇게 호락호락 이뤄지지는 않았을 것이다. 80년대의 민주주의를 향한 열망과 희생이 없었다면, 우리 사회의 민주주의적 기반은 쉽게 형성될 수 없었을 것이다. 어느 시대고 어느 국가이고 고난과 역경을 이겨낸 사람들에게는 '모험담'이 있다. "그때는 그랬었지" 하면서 이야기하는 성공 스토리가 있다. 성공한 사람들에게는 언제나 그 성공 스토리가 존재한다. 이 원칙은 심지어 아주 작은 가게 하나에도 적용된다.

중요한 것은 이제 우리에게 또 다른 차원의 성공 스토리가 필요하다는 점이다. 찢어지게 가난했던 시절에도 아이들의 교육을 위해서라면 삯바느질을 해서라도 학비를 마련했던 우리네 어머니들의 숭고한 희생정신, 최루탄 연기를 마시며 대학 4년을 다니면서도 늘 가슴에 품었던 이상, 그 이상을 위해 젊은 시절을 아낌없이 바쳤던 청춘들도 있다. 그 시절 그 시대의 모험담은 그 자체로서 아름답고 가치가 있다.

하지만 그것이 지금 시대에 맞는 성공 스토리일 수는 없다. 때로는 오히려 그런 저돌적인 역경 극복의 도전정신이 일탈을 일으킬 때도 있다. 과속열차가 궤도를 이탈하듯이 말이다. 이런 현상이 대표적으로 일어나는 곳이 바로 교육현장일 것이다. 과열된 교육의 성공 신화를 만들기 위해 희생되는 수많은 아이들 그리고 그 신화에 편승하기 위해 자신을 팔아먹는 교사들까지 숱한 이야기들이 난무한다. 문제는 대부분 그 이야기들이 해피엔딩이 아니라는 점일 것이다.

'공유'가 사업 성공의 미덕이 되고, '나눔'이 기업철학의 모토가 되어가는 시대에는 남을 짓밟고 이기겠다는 정신으로는 결코 성공이 보장되지 않는다. 그리고 그런 개개인의 정신이 만들어내는 이기적인 멘탈리티로는 사회와 국가가 새로운 발전의 모멘텀(momentum)을 갖기도 어렵다.

'책과 여행'으로 출발한 이 이야기가 궁극적으로 도착해야 할 지점이 바로 그곳이다. 자식을 키우는 한 아버지로서 '책과 여행'에 관한 이야기는 아이들 교육을 위해서 진부하지만 늘 새로울 수밖에 없는 이슈다. 진부하다고 말하는 이유는, 이미 세상에는 이런 소재를 둘러싸고 숱한 고민들이 존재했다는 뜻이며, 새롭다고 말을 하는 이유는 그럼에도 불구하고 여전히 새로운 접근법을 찾아야 한다는 의미다. 나는 그래서 어느 날 '책과 여행'에 관한 멘탈리티를 한 장의 기획서로 작성해서 출판사에 보냈다. 그리고 시간을 갖고 다시 한번 이 주제에 대해서 곰곰이 생각을 정리해 봤다. 틈틈이 떠오른 새로운 아이디어를 바탕으로 초벌원고를 작성했다. 그때마다 원고를 아내에게도 보여줬다. 아직도 그날 처음 나의 원고를 읽던 날 아내의 반응이 생생하다.

"그런데 누가 이런 걸 신경이나 쓰겠어?"

'그래, 조금 어려운 말이 많으니까 그럴 수도 있겠다' 싶은 생각으로 아내의 질타를 달랬다. 하지만 내심 허전한 기분을 감출 수 없었다. 다시 아내에게 "좀더 집중해서 잘 읽어봐"라고 말하며 다용도실로 들어갔다. 마침 그날은 쓰레기 분리수거를 하는 날이었다. 언제부턴가 쓰레기 버리는 일은 온전히 나의 몫이 됐다. 주섬주섬 외투를 걸쳐 입고 분리수거용 백에 담긴 쓰레기들을 들고 밖으로 나갔다. 벌써 아파트 주차장은 분리수거용 쓰레기더미들로 한가득이다. 몇 년 전만 해도 아줌마들이 대부분이었는데, 요즘엔 아저씨들이 반을 넘기고 있다. 역시 이것도 변화라면 변화다. 제법 겨울날씨가 쌀쌀하다. 쓰레기 버리는 날은 왜 그렇게 추운지. 얼른 분리수거함에 비닐과 종이, 우유팩 등을 분리해서 버리고 다시 집으로 들어갔다. 아내는 원고를 앞에 놓고 생각에 잠겨 있다. 다 읽었다는 무언의 표시겠지 싶었는데, 불쑥 말을 걸어온다.

"이거 나한테 딱 맞는 얘기인데."

"그래?"

스르르 입가에 웃음이 번진다. 쓰레기 버리고 온 사이에 아내의 생각이 바뀌었다. 역시 아내를 위해서는 궂은일도 마다않고 자주 할 필요가 있는 것 같다.

처음에 "책과 여행의 멘탈리티"라는 부제를 달고 글을 시작할 때부터 이번 작업은 멘탈리티라는 말 자체 때문에 조금 어렵게 느껴질 수 있겠다 싶었다. 아내는 날카로운 비평보다는 좋고 싫음이 분명한 무서운 대중독자다. 그런 아내가 처음에는 어렵다고 느꼈던 것에서 잠시 분리수거를 하고 온 사이에 생각이 바뀌었다. 이유가 뭘까?

아내는 독일 유소년 축구팀에 관한 이야기를 꺼낸다. 보통 직장에서 일을 하다 보면 대충 적당히 목표를 달성하면 그 뒤에는 일이

손에 안 잡힌단다. 그래서 정해진 목표, 아니 솔직히 말해서는 회사가 '정해준 목표'를 달성하고 나면 그 다음부턴 대충대충 마무리 단계에 들어간다. 그런 마음의 자세가 어느새 습관이 되어 몸에 배어 있었다고 한다. 독일 유소년팀과의 17 대 0이란 점수차는 아내에게 한번쯤 생각할 거리를 던져주었던 것이다. 아내는 독일 코치가 말했던 '볼에 대한 존경심'을 언급한다. 내용이 지금의 자기 처지와 비슷하다고 말한다.

다행이다. 내가 생각한 것이 마음으로 통했다. 나는 아내의 이야기를 들으면서 다시 한번 생각할 기회를 얻는다. 사람은 어쩔 수 없이 일상의 테두리 안에서 삶을 살아간다. 그런 일상의 무료함 속에서 뭔가 고급스런 삶을 살 수 있는 아이디어를 제공해 주는 것, 그래서 자기 자신과 끊임없는 내면의 대화가 필요하다.

경제적인 풍요의 시대, 이제 몸을 살찌우는 일에만 매달릴 것이 아니라 정신을 살찌우는 일에 매달려보는 것도 나쁘지 않을 것 같다. 데카르트가 말한 것이 맞다면, 몸과 정신은 서로 연결되어 있다. 심지어 그는 몸과 정신을 연결시켜 주는 샘 같은 것이 몸속에 있다고 하지 않았나? 과학적으로 입증될 수 없다고 다 틀린 것은 아닐 것이다. 가끔씩이지만 그런 경험을 한 적이 있다. 기분이 나쁠 때, 뭔가 일이 잘 안 풀려서 답답할 때 공원이라도 한 바퀴 달려보면 기분이 전환된다. 그렇게 달리고 나서 책상에 앉으면 집중도 잘되고 아이디어도 잘 떠오른다. 생각이 막힐 때는 그래서 일단 그곳을 벗어나는 것이 하나의 방법이다. 역시 몸과 정신은 하나로 연결되어 있는 것임에 틀림없다. 적어도 그런 면에 데카르트의 말은 허무맹랑한 이야기가 아니다.

'비물질적인 가치'가 세상을 점유하면서 더불어 인문학이 대세다. 사실 이미 오래 전부터 인문학의 가치를 존중하는 일이 필요했다. 늦은 감도 있지만 어쨌든 다행스러운 일이다. 그만큼 우리 삶이 고급스러워지고 있다는 증거이다. 생각과 고민이 고급스러워지면 그 수준에 맞는 방법을 찾게 된다. 술이나 욕구를 해소하는 감각적인 방법 말고도 우리에게는 차원을 달리하는 스트레스 해소법도 존재한다. 책과 여행의 멘탈리티를 찾는 작업도 스트레스 해소법이 되지 말란 법이 없다.

이렇게 멘탈리티를 통해서 '개인'과 '집단'은 더욱 온전하게 하나로 결합된다. 멘탈리티를 통해서 '감성'과 '논리'가 극적인 화학반응을 일으킨다. 멘탈리티는 우리가 새로운 시대의 틀에 우리의 모습을 비춰보고 미래를 준비하는 열린 창이며 가능성이다.

나는 책과 여행을 통해서 자신의 멘탈리티를 풍부하게 하는 사람만이 앞으로 시대를 이끌어나갈 수 있을 것이라고 믿는다. 더 많은 책을 읽고 더 많은 곳을 여행하는 것, 그런 경험을 통해서 자신만의 독특한 멘탈리티를 자산으로 일구어나가야 한다고 믿는다. 사실 멘탈리티는 창의성과도 깊은 관련이 있다.

창의성은 일반적으로 생각하는 것과는 다른 방식으로 키워진다. 창조를 떠올리면서 우리는 늘 앞을 보려고 한다. 새로운 것을 찾는다는 것이 꼭 시간의 순서에서 과거보다 앞선 미래를 바라보는 것만은 아닐 터이다. 창조에 대한 우리의 관습적인 사고방식에 일침을 놓는 사례가 한 가지 있다. 그것은 뉴욕의 어느 허름한 뒷골목에서 시작됐다.

1960년대 미국 청년 건축가들과 공간디자이너들의 마음을 송두리째 사로잡은 한 여성이 있었다. 바로 제인 제이콥스(Jane Jacobs)가 그 주인공이다. 제이콥스는 자신의 저작 『미국 대도시들의 죽음과 삶』(*The Death and Life of The Great American Cities*, 1961)을 통해 진정한 창조란 어디서 출발해야 하는지를 제시했다.

당시 그녀의 등장과 관련해서 뉴욕에는 개발의 시대를 대표하는 또 한 명의 인물이 존재하고 있었다. 뉴욕시 도시개발 프로젝트를 담당했던 로버트 모제즈(Robert Moses), 그는 뉴욕을 미국 경제의 활력이 분출하는 메트로폴리스로 건설하겠다는 꿈을 가지고 있었다. 그는 모던한 뉴욕시의 도시구조와 틀을 만들어나갔다.

그런데 너무 지나치면 모자라는 것만 못하다고, 그의 구상은 뉴욕 한가운데를 관통하는 도시고속도로 건설 계획으로 논쟁의 도마에 오른다. 때마침 등장한 사람이 바로 제인 제이콥스였다. 두 사람의 등장과 논쟁은 향후 뉴욕이란 도시가 어떤 모습으로 발전할 것인가를 놓고 벌어진 미국 건축 역사상 가장 중요한 논쟁 가운데 하나였다. 자동차가 중심이 되고 속도가 중심이 되는 로버트 모제즈의 비전과 오래된 건물들 속에서 살아가는 사람들을 중심에 놓고 그리던 제인 제이콥스의 비전은 완전히 다른 두 가지 뉴욕의 미래를 보여주고 있었다.

결론부터 말하자면 이 꿈과 비전의 대결에서 승리한 사람은 제인 제이콥스였다. 그녀에게 뉴욕은 고속도로 위를 쌩쌩 달리는 자동차 전용도로 같은 것이 놓일 수 있는 공간이 아니었다. 오히려 오래되고 낡은 상점과 작은 카페들, 그 속에서 함께 삶을 나누는 사람들의 이야기가 숨쉬는 거리이어야만 했다. 그녀는 자신의 믿음을 위해 언제 어디서나 논쟁의 한가운데 섰다.
실제로 당시 뉴욕시 건축과 고위직 공무원이었던 로버트 모제즈와의 일전은 어느 영화 속 이야기보다 박진감 넘친다.
만약 그녀가 없었다면 오늘날 우리가 경험하는 뉴욕의 문화는 존재할 수 없었을 것이다. 뉴욕의 아이콘이기도 한 소호와 그리니치

빌리지 위를 관통하려 했던 로버트 모제즈의 맨해튼 고속도로 건설 계획은 막대한 재정지원과 자동차회사들의 로비에 힘입어 막힘없이 진행되어 갔다. 낡은 건물들이 철거계획에 포함되고 뉴욕에 새로운 길을 뚫는 불도저들이 시동을 걸기 시작했다.

바로 그때 혜성처럼 나타난 한 여성이 바로 제인 제이콥스였다. 제인 제이콥스의 등장은 개발을 통해 현대화된 뉴욕을 꿈꾸는 자들과 뉴욕만이 간직한 전통과 그 전통을 이어온 뉴욕 시민들 간의 한판 승부를 예고했다. 다른 한편으로 그것은 뉴욕의 미래가 어떤 모습이어야 하는가를 놓고 대립했던 뉴욕시민들의 '멘탈리티 대결'이기도 했다.

제인 제이콥스는 이 논쟁에서 물러서지 않았다. 그녀는 당시만 해도 미약했던 시민들의 힘을 결집시키는 중심에 섰다. 그리고 그녀의 신념에 뉴욕 시민들은 화답했다. 그녀가 논쟁에서 물러나 그저 생각에만 머물렀다면, 오늘 같은 뉴욕의 모습은 보기 어려웠을 것이다. 뉴욕의 판을 새롭게 짜려고 했던 로버트 모제즈의 리모델링 계획은 결국 그녀 앞에서 멈췄다. 뉴욕을 관통하는 거대한 고속도로는 백지화되었으며, 고속도로에 밀려 사라질 뻔했던 뉴욕의 낡은 건물들은 그렇게 살아남았다. 작은 골목들이 아니라 자동차들이 질주하는 고속도로로 구분되는 뉴욕의 모습이란 상상만으로도 끔찍하다.

그리고 그렇게 제인 제이콥스와 뉴욕 시민들의 결단을 통해 미국의 대도시들은 한 가지 의미 있는 교훈을 얻는다. 창조적인 멘탈리티, 멘탈리티의 상상력을 위해서는 때로 미래보다 과거로 눈을 돌릴 필요가 있다는 사실을 발견한 것이다.

그래서 그녀는 "새로운 창조적인 아이디어들은 늘 낡고 오래된 건물에서 나온다"고 말했다. 창의적인 아이디어는 논리에 의해서 탄생되지 않는다. 창의적인 사고, 창조적인 활동은 사실 논리보다는 감성에 의존하는 경향이 많다. 제인 제이콥스의 출발점도 도시고속도로로 파괴된 건물에서 쫓겨나야 할 뉴욕의 시민들이었다. 그런 시민들에 대한 애정에서 출발한 이론은 그래서 힘이 있다. 열정이 있는 사람, 정해진 일상과 규칙으로부터 벗어나려는 사람들로부터 어차피 세상은 창조되는 듯하다.

범위를 좀 넓혀서 생각의 힘이 그 끝을 어디까지 펼칠 수 있는지를 보다 철학적으로 명쾌하게 정리한 사람도 우리는 기억할 필요가 있다. 그 인물들 중에 칸트(Immanuel Kant)가 있다. 칸트는 이성과 윤리의 이론을 독창적으로 정립시켰다. 이렇게 기존의 이론을 뛰어넘는 이론을 만들어낼 수 있었던 힘도 결국은 일상으로부터 벗어나는 일이었다. 그가 그토록 열렬히 회의론의 대가 데이비드 흄(David Hume)에 몰두한 이유도 바로 그 때문이다.

세상의 모든 것을 부정하고 의심하는 것, 세상 끝까지 의심해 보려는 노력은 사실 그렇게 간단한 일도 아니고 아무나 할 수 있는 작업도 아니었다. 쾨니스베르크를 한번도 벗어나지 않았다고 하는 칸트의 일화는 그래서 믿어지지 않을 정도이다. 하지만 어쨌든 그는 적어도 책으로 지구를 몇 바퀴는 돌았던 사람임에 분명하다.

칸트에게 감성은 맹목적이지만 매우 실천적인 힘을 지녔다. 그리고 모든 것을 껴안을 수 있을 정도로 강력한 수용성을 지닌다. 받아들이는 것이지 안에서 걸러내는 것이 아니다. 반면에 논리나 이성은 차갑고 확실하다. 불변적인 요소다. 그래서 개척과 개발의 시대에 논리는 강력한 무기가 될 수 있었다. 제일 먼저 과학과 기술이 그 덕을 봤다. 하루라도 빨리 자연의 법칙을 이해한 자가 그만큼 더 빨리 세상을 개척해 나갈 수 있었다.

하지만 논리만으로 세상을 다 이해할 수는 없다. 지성에는 한계가 분명하기 때문이다. 너무 확실한 것들의 세상은 그만큼 단조롭다. 재미도 없다. 뭔가 새로운 일을 찾는 모험가들에게 지나친 지성은 때로 방해가 된다. 조금의 실수도 인정하지 않으려는 성격의 소유자들에게서 우리가 받는 인상은 무료함일 수 있다. 뭔가 실수투성이에 흠이 많더라도 꿈을 꾸고 그 꿈을 향해 돌진하는 사람은 그래서 늘 대중의 흥미를 끈다.

여행의 역사에서는 이런 인물들이 큰 사건을 저지른다. 때로는 그의 단순하고 맹목적인 여행 하나가 인류의 역사를 바꿔놓기도 한다. 콜럼버스 같은 사람도 그런 부류의 인물이었다. 공교롭게도 그에게는 잘못된 정보가 남들이 흉내도 낼 수 없는 거대한 꿈과 도전을 만들어냈다.

미지의 신대륙에 대한 잘못된 정보가 있었기 때문에 더 열정적으로 바다를 향해 나아갈 수 있었다. 만약 콜럼버스에게 더 정확하고 확실한 정보가 제공되었다면, 그래서 그가 조금만 더 이성적인 성격을 갖출 수 있었다면, 신대륙 발견은 더 늦어지거나 또 다른 주인공을 기다려야 했을 것이다.

지적인 여행에서 **칸트**는 그래서 독특한 여행가이다. 그는 어떤 사상가나 철학자들이 해내지 못했던 이성에 대한 풍부한 여행거리를 제공했다. 생각의 끝까지 여행을 가본 사람은 아마 칸트가 거의 유일할 것이다.

생각의 여행에서 칸트를 뛰어넘는 영역까지 도달한 사람은 지금까지 존재하지 않는다. 칸트의 논리, 감성의 구조는 그래서 신선하다. 칸트가 요즘 대중적으로 부활하고 있는 것은 그만큼 생각의 깊이와 폭을 더 넓히고 싶다는 욕망이 커졌음을 의미한다.

이처럼 **새로운 가치관**을 찾으려는 사람들은 다양한 방식으로 여행을 떠난다. 시간과 공간을 이동하는 '책과 여행'은 그래서 점점 우리의 삶 속 더 깊숙이 들어오고 있다. 지금 세상은 너무도 쉽게 정보에 접근할 수 있다. 대학 같은 고등교육기관에 들어가지 않아도 인터넷의 바다를 헤엄치면 대학교수 정도의 지식은 갖출 수 있을 실정이다.

이제 중요한 것은 세상과 자연을 분석하는 것이 아니라 **자신만의 시각**으로 창조해 내는 것이다. 창조를 위한 덕목에서 감성은 제일 첫번째 자리를 차지한다.

때로는 이런 멘탈리티가 정신의 능력을 너무 과장한 나머지 '절대정신' '세계정신'으로까지 치닫기도 했다. 헤겔(Hegel)에게는 그럴 능력이 있었고 그 시대는 헤겔의 절대정신을 필요로 했다. 절대왕정을 무너뜨리겠다는 프랑스의 젊은 군인 보나파르트 나폴레옹, 그를 바라보며 "저기 말 위에 탄 세계정신을 보라"며 감탄했던 헤겔이나 베토벤도 끝내 쓰디쓴 배신의 술잔에 입을 맞춰야 했다. 자기 머리에 왕관을 쓴 세계정신이란 더 이상 정상적인 멘탈리티를 갖고 있는 자라고 생각할 수 없었다. 멘탈리티가 한 개인의 지성으로 완결될 수 없다는 증거이다.

멘탈리티가 정상적으로 작동하기 위해서라도 우리의 지성은 계속 그물망처럼 얽혀야 한다. 섞이고 나누고 공유하고 널리 유포될수록 멘탈리티는 더욱 건강하게 발전한다. 다른 각도에서 보자면 그만큼 늘 우리는 뭔가 새롭고 창조적인 가치들에 목이 말라 있다는 뜻이기도 하다. 어쩔 수 없이 희생이나 대가가 따르더라도 우리가 새로운 경험, 엉뚱한 시각으로 세상과 마주서야 하는 이유다. 이런 조건들이 제대로 모습을 갖추고 등장할 때 멘탈리티도 유행이 된다. 그리고 그런 멘탈리티를 지닌 사람들에게 대중은 열광한다. 자신이 없는 것을 그들은 갖고 있고, 그것이 부럽고 배울 만하다고 믿기 때문이다.

지금 우리 앞에는 어쩌면 봄바람처럼 산들거리는 **멘탈리티의 바람**이 불고 있을지도 모른다. 나는 얼른 고개를 돌려 그 바람을 마주할 생각이다. "백문이불여일견"이라고 멘탈리티도 눈에 보이는 뭔가를 보게 될 때 더 확실한 느낌으로 다가올 것이다. 그래서 우선 세상의 멘탈리티들을 찾아 여행을 계속해 보려고 한다.

멘탈리티들

세상에는 정말 여러 가지 멘탈리티가 있다. 개인 안에서 나타나는 은밀하고 사적인 생각과 감성은 그저 개인의 수준에 머물지만, 개인과 개인이 만나서 연출하는 멘탈리티들은 어떤 모습으로든 눈에도 잘 띄고 때로는 강력한 영향력을 발휘하기도 한다.

한 사람의 생각이나 행동이 다른 사람의 생각이나 행동과 만나 복제되고 전파되면서 특정 유형의 패턴을 만들어낸다. 집단화된 생각과 행동은 단순한 생활범위를 벗어나 경제나 정치 같은 거대담론의 영역에서도 작동하기 시작한다. 그래서 어떤 멘탈리티를 경험하느냐에 따라 사회의 발전방향도 달라진다.

따지고 보면 멘탈리티를 형성하는 데 결정적인 영향을 끼치는 것들 중에 '책과 여행'에서 비롯된 것들이 많다. 사람들은 보고 경험하고 느낀 것을 어떤 식으로든 나누려고 한다. 인간은 자신이 느낀 것을 타인과 공유하고 싶어 하는 본능이 강하기 때문이다. 이렇게 나는 세상의 여러 가지 멘탈리티들을 확인하고 싶었다. 그리고 그것을 찾는 과정에서 몇 가지 흥미로운 사례를 발견했다. 그 중에서 첫번째로 이야기할 것은 '크랩 멘탈리티'다.

크랩 멘탈리티

국가나 민족 간에는 그들의 성격이나 특징을 규정하는 말들이 있다. 그중에서 필리핀 사람들을 일컫는 표현 하나가 눈길을 끈다. 바로 크랩 멘탈리티(crab mentality)라는 것이다. 우리말로 표현하기가 좀 애매한데, 그대로를 옮기자면 '게들의 심리'라고나 할까? 단어 그대로 '크랩 멘탈리티'라는 말은 게들의 특성에서 나왔다. 위험에 빠진 상황 속에서 힘을 모아 위기를 벗어날 생각을 하지 않고 자기 먼저 살겠다고 버둥거리는 심리를 일컫는 말이다. 남들이 위기상황을 극복해서 도망가는 것을 그냥 보지 못하고 잡아당기는 게들의 못된 습성에서 유래했다.

양동이 안에 게들을 집어넣고 가만히 놓아두면 게들의 행동에 한 가지 이상한 점이 발견된다고 한다. 좁고 답답한 곳에서 벗어나려고 발버둥치는 게들이 서로 밖으로 빠져나오려고 안간힘을 쓰는 가운데, 만약 어떤 게 한 마리가 다른 게들을 딛고 올라서 양동이 밖으로 탈출을 시도할라치면, 그 순간 그곳에서는 뜻하지 않은 반전이 일어난다. 다른 게들이 그 게의 탈출을 가만히 보고 있지 않는다는 것이다. 양동이 모서리까지 올라선 그 게의 발을 잡아 끌어내리고 심지어 어떤 놈들은 그 게가 탈출 직전에 이를 때까지 일부러 기다렸다가 한 순간에 다시 양동이 속으로 잡아당기기도 한다. 위험에 빠지면 생존본능이 우선하게 마련인데, 게들도 살겠다는 생존본능이 당연히 클 것이다. 하지만 게들에게는 본능적으로 시기심이 생존의 본능을 뛰어넘는 것처럼 보인다. 쉽게 이해하기 어려운 동물의 세계다.

아무튼 이런 게들의 습성에 빗대어 **필리핀 사람들의 심성**을 표현하기도 한다. 부정적인 의미를 지녀서 조심스럽기는 하지만, 필리핀에서 발간되고 있는 온라인 잡지 등에서도 버젓이 자신들의 '크랩 멘탈리티'에 대해 언급하고 있는 것으로 봐서는 분명 사회적으로도 문제가 되고 있는 심리상태임에는 틀림없는 것 같다. 굳이 따진다면 우리네 속담에 나오는 "사촌이 땅을 사면 배가 아프다"는 개념과 비슷한데, 단순히 배가 아픈 정도를 넘어서서 땅을 산 그 사촌에게 뭔가 해코지를 한다는 점에서 좀더 악의적이다. 만약 집단 안에 이런 성향을 지닌 사람이 있다면, 그 사람은 집단의 운명을 파국으로 몰고 가는 데 결정적인 역할을 할 것이다.

개인들간의 관계에서 벗어나서 집단이나 공동체사회로 범위를 확대한다면 문제는 더 커진다. 크랩 멘탈리티가 만연한 사회에서는 정당한 경쟁을 기대하기란 어려운 일이다. 나아가 사회발전의 원동력이 상실되는 극단적인 결과가 일어날 수도 있다. 늘 남보다 내가 우선하고 남이 잘되는 것을 못마땅하게 여기는 부정적인 멘탈리티는 사람들을 최악의 상황으로 몰고 간다.

위닝 멘탈리티

하지만 정반대의 경우도 있다. 그 자체가 사회의 발전에 도움을 주고 동력이 되는 멘탈리티도 있다. 대표적인 경우는 월드컵에만 나가면 승승장구하는 독일 축구 국가대표팀의 멘탈리티를 꼽을 수 있다.

월드컵 경기가 한창이던 지난 2010년 6월 한 스포츠 전문지에는 흥미로운 기사 하나가 실렸다. 독일 축구에 대해서 누구보다 뛰어난 분석력과 통찰력을 지닌 것으로 알려진 한 축구 전문 저널리스트의 주장을 담은 글인데, 여기서 특별히 강조하고 있는 것이 바로 독일 축구대표팀의 '위닝 멘탈리티'(winning mentality)다.

전차군단 독일이 앙숙 잉글랜드를 제압하고 2010년 남아공

월드컵 8강행을 확정지었다. 독일은 미하엘 발락의 부상으로 심각한 전력차질이 빚어질 것이라는 예상을 뒤엎고 우승후보로서 사상 4번째 우승 트로피를 향해 전진하고 있다. 독일이 월드컵에만 나가면 강한 이유는 어디에 있는 걸까?

의미심장한 물음표를 달고 있는 이 글에서는 독일 축구가 지닌 파워 넘치는 경기력과 강한 정신력 그리고 덧붙여서 승리를 확신하는 '멘탈리티'에 관해 언급한다.

실제로 FIFA가 제공하는 공식적인 통계자료를 보면, 독일 선수들의 '위닝 멘탈리티'를 입증할 만한 몇 가지 의미 있는 기록들이 발견된다. 우선 지난 20여 년 동안 독일 축구대표팀은 월드컵과 같은 큰 무대가 열리는 시점을 기준에 놓고 봤을 때 다른 나라 대표팀에 비해 성적이 심하게 요동을 친다. 쉽게 말하자면 월드컵이 열리기 전까지는 형편없이 초라한 성적을 거두다가도 월드컵에만 나가면 완전히 무서운 기세로 돌변하는 팀이 된다는 것이다.

그 대표적인 경우가 2006년이다. 그해 여름, 월드컵의 서막을 알리는 팡파르가 울리기 전까지 독일 대표팀의 성적은 상상할 수 없을 정도로 초라했다. 개최국 독일의 잇따른 성적부진은 곧바로 세계 언론의 도마에 올랐고, 심지어 독일팀의 저조한 성적이 월드컵 열기에 찬물을 끼얹고 있다고 비난하는 이들도 있었다. 다들 독일 축구가 이제는 한물갔다고 조롱하며 놀려댔다. 당시 FIFA가 발표한 세계 랭킹에서 독일은 역대 가장 낮은 순위인 22위를 기록하고 있었다. 때문에 월드컵에서 독일팀이 좋은 성적을 거두리라고 예상한 사람은 아무도 없었다.

그런데 막상 월드컵이 시작되자 **이변이 일어났다.** 동네북처럼 비난의 화살을 맞기만 했던 독일 대표팀은 본선 대회에 돌입한 직후부터 완전히 새로운 팀으로 탈바꿈했다. 전세계 축구팬들이 놀란 것은 당연했다. 개막전에서 맞붙었던 남미의 강호 코스타리카에 4 대 2로 승리를 거둔 것을 시작으로 연전연승. 계속되는 승리는 마침내 준결승전까지 이어진다. 비록 막판 이탈리아에 덜미를 잡혀 결승행은 좌절되었지만 3, 4위전에서 포르투갈을 상대로 승리함으로써 결국 3위를 차지했다.
월드컵이 개막하기 바로 직전까지 세계 랭킹 22위 팀이 불과 한두 달 만에 전력이 20계단이나 급상승한 것이다. 이런 이변은 상위팀들 가운데서는 좀처럼 보기 드문 일이다.

이와 비슷한 급격한 순위변동을 **우리나라 대표팀도** 경험한 적이 있다. 2002년 한일월드컵 전까지만 해도 40위권 밖에서 머물러 있던 대한민국 축구대표팀은 월드컵이 끝난 7월에 발표된 세계 랭킹에서 무려 20계단 넘게 올라간 20위를 기록했다. 독일 대표팀의 경우처럼 불과 몇 달 사이에 20계단이나 수직상승한 것이다. 하지만 우리나라 대표팀의 이변은 말 그대로 단 한번에 그친 이변이었다. 이변이라기보다는 사실 기적에 가까운 성적이었다.

그러나 독일 팀의 경우에는 사정이 조금 다르다. 그들은 언제나 월드컵에만 들어서면 성적이 좋아졌기 때문이다. 이변이라기고 하기에는 너무 규칙적인 이변이었다.

사실 독일 대표팀은 월드컵이나 유럽선수권대회와 같은 큰 무대에만 나가면 이상할 정도로 성적이 좋다. 월드컵 우승은 브라질(5회), 이탈리아(4회)에 이어 3회 우승으로 역대 3위를 차지하고, 준우승은 두 차례나 했다. 지금까지 치른 19차례의 월드컵 대회에서 5번이나 결승전에 오른 것이다. 그러니 사람들의 머릿속에는 늘 독일 축구팀은 승리하는 팀이라는 인상이 강하게 새겨져 있다. 유럽선수권대회의 경우도 상황은 마찬가지다. 모두 3차례 우승을 했는데, 지금까지 유럽선수권대회에서 2회 이상 우승한 팀은 독일을 제외하면 프랑스밖에 없다.

독일 대표팀의 '위닝 멘탈리티'가 더욱 빛을 발하는 순간이 또하나 있는데 그것은 바로 승부차기다. 독일은 승부차기에서는 세계 최강이다. 지금까지 월드컵에서 맞닥뜨린 4차례의 승부차기 대결에서 독일은 단 한번도 패하지 않았다. 또 하나의 승부차기 명가로 아르헨티나를 들 수 있는데, 두 팀 모두 월드컵에서는 승부차기로 진 적이 없는 팀이었다.

이런 두 팀이 2006년 월드컵 8강에서 공교롭게도 승부차기로 맞부딪쳤다. 승부차기 지존 간의 대결은 그래서 사람들의 관심을 더욱 집중시켰다. 결국 아르헨티나 팀의 두번째 키커와 네번째 키커가 실축을 하면서 승리의 여신은 이번에도 독일 팀의 손을 들어주었다. 이날 승부차기에 나선 독일 선수들 네 명 가운데 실축을 한 선수는 한 명도 없었다. 지금까지 독일의 승부차기 승률은 100% 전승이다. 승부차기 슈팅 성공률을 보면 더욱 놀랍기만 한데, 모두 18번의 슈팅 중에서 17번의 슈팅이 골문 안으로 빨려 들어갔다. 단 한번만 승부차기에서 실축을 했다는 얘기다.

선수들의 기술이나 팀의 전력보다는 선수 개개인의 **심리적인 측면**이 중요한 역할을 한다는 승부차기에서 독일이 한번도 패한 적이 없다는 사실은 그들의 위닝 멘탈리티와 관련한 단서를 제공한다. 평정심과 자신감 그리고 늘 자신들이 이긴다는 확신이 없이는 심리적 안정감을 찾기 어렵다는 것이 승부차기의 세계다.

한 축구 전문 저널리스트는 7년 동안 분데스리가에서 활약하며 독일 축구를 익힌 한 외국인 선수의 입을 통해 독일이 월드컵에서 강할 수밖에 없는 이유를 설명하고 있다. "독일은 월드컵에서 좋은 성적을 거둘 것이다. 이유는 간단하다. 늘 그래 왔기 때문이다. 그들에게는 '위닝 멘탈리티'가 있다."

유소년 시절부터 승리와 우승에 대한 압박감을 받아온 선수들이 한 나라를 대표하는 선수가 되어서도 그 마음을 잃지 않는다는 얘기다. 흥미로운 것은 이런 독일의 위닝 멘탈리티가 마치 유전 정보를 담은 DNA처럼 선수들 사이에서 대를 이어 계승되고 있다는 점이다. 그래서 더욱 사람들은 독일 팀의 승리를 늘 당연한 것으로 받아들이고 있다고 그는 분석한다.

그는 덧붙여서 2002년 한일월드컵 당시 독일 대표팀의 위닝 멘탈리티와 관련해서 경험했던 흥미로운 이야기 하나를 공개하고 있다. 월드컵 개최를 며칠 남겨놓지 않은 시점, 독일 국가대표팀의 전력은 이미 형편없는 수준까지 떨어졌다. 오죽했으면 독일 축구대표팀에 어떤 선수들이 뽑혔는지조차 제대로 아는 사람들이 없을 정도였다. 몰락한 축구대표팀에게 애정을 갖고 대하는 독일 국민도 많지 않았다. 그러니 독일 밖의 사정은 오죽했겠는가?

그 무렵 그가 영국을 돌면서 축구에 관한 강연을 할 때

이야기다. 그는 영국의 대학들을 다니면서 강연을 하던 중에 한 대학교에서 독일 대표팀 수비수 한 명의 사진을 청중들에게 보여줬다. 그리고 사진 속의 선수가 누구인지 아는 사람이 있는지 물어봤다. 아무도 대답하는 사람이 없었다. 역시 그의 예상이 맞았다. 그는 속으로 스타플레이가 한 사람도 없는 독일팀의 실력이 형편없는 수준이란 사실을 다시 실감했다. 이런 실력으로는 월드컵에 나가서 좋은 성적을 기대할 수 없을 것이라며 말을 맺으려는 순간이었다. 그때 강연장에 앉아 있던 한 학생이 이렇게 말했다.

"그런데 어쨌든 독일은 4강은 가잖아요….."

독일 축구대표팀의 위닝 멘탈리티는 단지 **스포츠계의 일화**라고 말하기에는 훨씬 많은 의미를 담고 있다. 그것은 사회나 조직 속에서 한 인간이 지니고 있는 능력과 한계 그리고 성공의 필요충분조건에 관한 어떤 함수관계를 보여주고 있다. 그것은 개인들의 자신감이 하나로 뭉쳐져서 만들어내는 아주 특별한 조직의 정신력이다.

늘 '이긴다는 마인드' '우승하는 습관'을 지닌 사람들은 알게 모르게 남보다 더 승리를 갈구하게 된다. 늘 이겼기 때문에 이번에도 이길 수 있다는 확신이 앞선다. 승부는 경기장에서 심판의 호각소리가 울리기 전부터 이미 결정된다.

이런 논리를 좀더 확장시켜 보면, 왜 늘 상을 받는 사람이 상을 받고 돈을 버는 사람이 늘 돈을 버는지 이해할 수 있게 된다. 자신을 언제나 우승의 주인공, 성공의 주인공으로 여기며 사는 사람에게는 남들보다 더 강렬한 성공의 갈증이 무의식적으로 존재한다. 그리고 이런 욕망은 큰 무대에 섰을 때 훨씬 더 강력한 힘을 발휘하게 된다.

무대가 커질수록, 남들이 긴장을 시작할 때 그들은 더 냉정해진다. 승부차기를 하기 위해 골문 앞에 선 독일 선수들은 늘 그렇게 슈팅을 날린다. 볼을 향해 달려가면서 그들은 볼이 골대를 벗어난다는 것은 생각조차 하지 않는다. 왜냐하면 그들이 찬 볼은 늘 골문 안으로 들어갔기 때문이다.

멘탈리티라는 것이 단순히 하나의 모습일 수는 없다. 이런 추상적인 개념을 한마디로 요약하기는 쉽지 않은 일이다. 하지만 수천 장의 글보다 한마디의 시구가 때로는 사람의 마음을 흔들 때가 있다. 정지된 스틸사진 한 장이 역사의 현장을 증언하는 이미지로 적합한 것과 같은 이치다. 바로 여기에 추상적인 개념이 지니는 힘이 있다. 한 편의 시나 스틸사진 한 장처럼 이제 사람들의 생각에도 철학적 명제가 필요하다. 압축하고 단순화시킬 수 있는 능력은 그 사회가 얼마나 고도의 지적인 활동을 공유하고 있는가를 판단할 수 있는 기준이다.

그래서 철학적인 명제는 삶과 사회공동체의 생각을 읽어내는 지도와 같다. 생각의 지도가 있으면 우리는 어느 곳에 있든 자신의 위치를 정확히 파악할 수 있다. 생각의 지도를 통해서 현재 우리가 놓여 있는 위치에서 나아가야 할 올바른 방향을 찾아나갈 수 있다. 멘탈리티를 찾는 작업은 바로 생각의 지도를 찾는 작업이고, 하얀 종이 위에 점과 점으로 우리의 위치를 확인하며 조금씩 생각의 지도를 그리는 작업이다.

이렇게 생각의 지도를 만들기 위해서 우리가 해야 하는 것은 생각을 단순화시키는 일이다. 사실 우리는 나아가야 할 삶의 지향점을 향해서 늘 뭔가를 찾아왔다. 하지만 어떤 식으로든 이해를 하고 싶지만 한마디로 정리가 안 될 때, 뭔가 하나로 단순화시키고 싶지만 찾으면 찾을수록 더 어려움을 느낄 때가 있다. 멘탈리티를 찾는 작업이 의미 있는 이유가 바로 여기에 있다.

그것은 삶을 단순화시키고 생각을 단순화시켜 궁극적으로 자신에게 가장 적합한 생각의 길을 찾는 훈련의 과정이다. 생각의 지도를 그리고 생각의 길을 찾은 사람은 행동도 그만큼 단순해진다. 머리가 복잡하면 행동으로 옮기는 일이 그만큼 뒤쳐지고 어려워지게 마련이다. 점점 더 복잡해져 가는 사회 속에서 실천과 행동으로 더 빨리 나아가기 위해서라도 우리는 먼저 생각을 단순화시킬 필요가 있다.

고가의 재료와 남다른 공정을 통해 제품의 실제 가치를 높이는 것은 명품업계의 기본이다. 나는 페라리 자동차 디자이너를 만난 적이 있는데, 그는 페라리가 일반 자동차보다 적은 수의 부품을 쓰지만, 각각의 부품은 지구상에서 가장 뛰어난 것을 쓴다고 했다. 이러한 관행을 뒷받침하는 것은 좋은 부품을 쓰면, 전설적인 상품이 나온다는 철학이다.

- 존 마에다,『단순함의 법칙』

단순함의 가치는 실질적으로 고도의 집중으로 인도하는 능력에 있다. 번잡한 것을 줄이면 줄일수록 그만큼 더 좋은 기능, 더 좋은 가치를 만들어낼 수 있는 가능성도 높아진다. 화려한 장식미를 추구하는 경향은 철 지난 유행이다. 불필요한 부분의 기능을 제거하고 정말 필요한 곳들에 힘을 집중하는 것이 더 효율적이다. 명품이라서 더 많은 부품을 들여 자동차를 만드는 것이 아니라 오히려 부품을 줄여서 정말 필요한 부품들의 기능과 성능을 높이는 것에서 명품 페라리의 전설은 탄생한다.

이런 일들은 최근 10년 동안 우리 삶을 바꿔놓은 거의 모든 히트상품에서 공통적으로 찾아볼 수 있는 현상이다. 아이패드의 등장에 전세계가 열광했던 것도 결국에는 단순한 디자인의 매력이었다.

불필요한 버튼들을 최대한 없애고 단순한 버튼 하나로 최적화된 기능을 만들어낸 아이패드는 디자이너들에게 단순함의 가치가 얼마나 중요한지 새삼 깨닫게 했다.

이제는 골목길의 작은 음식점 창업에서도 성공의 필수조건으로 단순한 메뉴가 각광을 받고 있다. 너무 복잡한 사회 속에서 살아가다 보니 우리는 알게 모르게 단순함에 대한 무한한 동경을 하고 있는지도 모르겠다.

단순함은 고도의 창의성을 필요로 한다. 자신이 생각한 것을 두서없이 길게 나열하는 것보다 마음을 사로잡을 수 있는 한마디의 말이 설득력 있는 대화의 필수조건이다. 이런 단순한 한마디가 말하는 사람의 입을 통해 나오기 위해서는 이야기를 창조적으로 하려고 노력해야 한다.

이미 세상은 너무나 볼 것도 많고 들을 것도 많은 시대다. 자연히 볼거리, 들을거리, 먹을거리들 사이에서 치열한 경쟁이 벌어지고 있다. 과거에는 양이 질을 결정하기도 했다. 대량의 물량공급이나 매스미디어를 통한 무차별적인 광고, PR 등으로 대중의 심리를 자극하고 관심과 소비를 유도했다. 하지만 지금은 이런 방식으로는 대중의 마음을 사로잡을 수 없다. 강한 임팩트의 자극보다는 관심과 동의를 얻는 절차가 필요한 시대로 넘어가고 있다.

이제는 무엇을 하든, 다른 사람이 가지고 있는 하루 24시간의 시간 중 얼마나 많은 시간을 확보할 수 있는가가 관건이다. 예전처럼 정해진 시간에 모두가 TV 앞에 앉아, 이를테면 9시뉴스를 시청할 것이라고 생각하면, 그것은 변화된 삶의 패턴을 잘못 읽고 있는 것이다. 중요한 것은 '정해진 시간'에 있는 것이 아니라 '시간의 점유'에 있다. 게다가 이미 그런 게임의 룰을 기꺼이 받아들일 자세가 되어 있는 수많은 경쟁자들도 줄을 서서 대기하고 있다. 기회의 양도 점점 줄어들고 있다. 단순하지 않으면 성공할 수 없음은 불을 보듯 뻔하다.

더 이상 대중은 TV 앞에 앉아 뭔가 나오길 기다리지 않는다. 오히려 스스로 채널이 되려고 한다. 놀라울 정도로 변화된 상황이다. 당연히 자기에게 주어진 짧은 시간 안에 대중을 설득하고 마음을 움직일 수 있어야 한다. 단순성의 작업은 그래서 창조적이고 지적인 활동을 필요로 하며, 고도의 추상화 작업이다.

새로운 개념이란 때로는 뜻밖에도 큰 선물을 가져다준다. 무릇 새로운 문화나 유행은 새로운 개념과 함께 발전했다. 새로운 개념을 만들기 위한 다양한 실험이 이루어지고 시행착오를 거쳐서 탄생한 여러 가지 개념들 중에서 오직 하나가 살아남아 사람들을 사로잡는다.

이제 그 개념은 머리가 아니라 몸으로 받아들여지고, 체험하는 순간부터 다음 단계인 행동으로 이어진다. 단순화—개념화—실체화라는 패턴이 지속적으로 반복되면서 생각의 지도를 찾고 그리는 멘탈리티는 더욱 구체적인 존재로 자신의 모습을 드러낸다.

비행기를 타고 샌프란시스코에서 라스베이거스로 이동해 본 적이 있는 여행자들은 아마 기억할 것이다. 아메리카 대륙을 동서로 가르듯 길게 등줄기가 뻗은 장엄한 로키 산맥이 비행기 창 너머로 펼쳐지는 순간이 있다. 그리곤 잠시 후 비행기는 눈으로 뒤덮인 로키 산맥의 봉우리들을 스칠 듯 지나친다. TV로 보아오던 내셔널지오그래픽 다큐멘터리의 한 장면이 실제로 항공기 안의 눈앞에서 펼쳐지는 순간은 정말 짜릿함의 극치다. 물론 샌프란시스코에서 출발한 비행기들이 모두 이런 멋진 순간을 선물로 안겨주는 것은 아니다. 처음부터 고도를 높게 잡고 이동해야 하는 항공기 안에서는 로키 산맥도 그저 발아래 멀리 펼쳐져 있는 산등성이들로만 보인다. 라스베이거스 정도로 적당히 떨어진 거리를 기착지로 하는 항공기만이 고도를 로키 산맥 정상 위로 맞출 수 있다.

창문에 코를 박고 **로키 산맥**의 장엄하고 아름다운 경치에 빠져 있는데, 불쑥 옆자리의 미국인 여행자가 말을 걸어온다. 나는 한 순간이라도 이 장엄한 정경을 놓치지 않으려고 애를 쓰고 있는데, 그는 내 심정은 별로 신경도 쓰지 않는 눈치다. 한편으로는 그런 중요한 순간에 말을 걸어오는 것이 야속하게 여겨지기까지 했다. 그렇다고 모른 체하고 있기에는 너무 속 좁은 사람처럼 보일 것 같아 고개를 좌우로 오가며 그의 이야기를 들어줬다.

이미 수십 번도 넘게 똑같은 광경을 목격했다는 그 미국인 여행자에게는 내가 지금 보고 있는 로키 산맥은 그저 여정중에 마주치는 이정표 같은 것에 지나지 않을지도 모른다. 같은 로키 산맥을 바라보고 있지만 우리 둘의 로키 산맥은 그렇게 달라도 너무나 달랐다. 지금 이 순간 나의 로키 산맥이 그의 로키 산맥이 아닌 것처럼, 그의 로키 산맥 또한 나의 것과는 분명 다른 모습일 것이다.

그렇게 무심하게 그의 이야기를 들으며 물끄러미 창문 너머로 눈 덮인 봉우리들을 바라보고 있을 때였다. 문득 그의 짧은 말 한마디에 눈으로 몰려 있던 모든 신경세포들이 일순간에 귀로 쏠렸다.

"로키 산맥은 오토바이로 넘어야 제 맛이지."

'저 험준한 로키 산맥을 오토바이로?' 비행기에서 바라보는 로키 산맥은 눈이 부실 정도로 아름답다. 하지만 아름다운 만큼 인간이 범접할 수 없는 거대한 산봉우리처럼 보인다. 아마도 지금 내가 위치해 있는 곳이 고도 4천 미터 이상의 하늘 위이기 때문일 것이다. 그 높이는 평범한 인간의 위치가 아니다. 평범한 위치가 아닌 곳에서 바라보는 로키 산맥이 그저 평범하게만 보일 리 없다. 어쩌면 이것은 신의 위치에 근접한 각도에서 바라본 시선일 테니까 말이다.

그런데 만약 땅위에서 본다면 로키 산맥은 어떻게 보일까? 도저히 범접할 수조차 없는 난공불락의 성채는 아닐 것이다. 아름답기는 하지만 그래서 더 오르고 싶은 욕망이 솟구치는 그런 산봉우리들이지 않을까? 지금 내 옆자리에 앉아 있는 이 미국인의 아버지, 그 아버지의 아버지들은 온 가족이 함께 마차에 몸을 싣고 저 산맥을 넘어갔다. **새로운 미지의 땅**을 찾아서 길고 긴 험난한 여행에 도전을 했다.

개척시대, 서부로 향하던 미국인들의 여행은 그 자체가 고역이었다. 때로는 목숨도 걸어야 할 만큼 위험한 여정이기도 했다. 지금처럼 빠른 순간이동의 도구도 없었고, 여행지에서 먹을 음식도 풍족하지 않았다. 낯선 고장에서는 한 모금 마실 물조차도 때로는 오염되어 탈을 일으키기도 했다. 어떤 경우에는 온 가족이 물 한 모금 때문에 목숨을 잃어버리기도 했다. 마차에서 자고 야영을 하는 여정은 밤이 되면 급격히 떨어지는 기온과 야생동물들의 기습공격의 위험에 그대로 노출되었다. 로키 산맥은 그래서 그들에게는 젖과 꿀이 흐르는 가나안 땅으로 나아가기 위한 마지막 관문이었다. 그 마지막 관문을 넘기 위해 가족의 절반 이상을 로키 산맥 차가운 땅속에 묻어야 하는 일도 다반사였다. 이런 모험과 도전의 역사가 있었기 때문에 오늘의 '아메리카'가 존재하고 있음을 그들은 누구보다 잘 알고 있다.

그래서일 것이다. 로키 산맥을 여행해 본 사람들이 이구동성으로 하는 말, 바로 로키 산맥은 오토바이를 타고 여행할 때 진짜 제대로 된 여행의 묘미를 느낄 수 있다고 말이다. 오토바이를 타고 횡단하는 로키 산맥 종주는 그가 누구이든, 그의 직업이 무엇이고 돈이 많건 적건 관계없이, 또 그의 여행동기가 무엇이든, 어디로 목적지를 정하고 있든 상관하지 않고 가장 멋진 여행의 기억을 공평하게 남겨준다. 그건 내 옆자리의 미국인 아저씨도 마찬가지였다.

언젠가 책에서 읽은, 미시시피 강을 여행한 마크 트웨인의 이야기 하나가 떠올랐다. 이성적인 시선으로 바라본 미시시피 강은 인문지리학 시간에나 공부했을 법한 지역적인 특색이나 특산물, 강의 폭과 길이, 서식지 생물군 같은 다양한 정보를 제공하지만, 그런 분석적인 지식에 아무리 통달한다고 해도 그것이 미시시피 강의 아름다움을 보증하는 것은 아니라는 이야기였다. 아마도 그 이야기는 지금 로키 산맥에도 적용되지 않을까 생각한다.

자연은 분석하는 자에게는 과학의 발견이란 기쁨을 안겨주고, 시를 쓰려는 사람에게는 낭만과 추억을 품게 해준다. 그래서 자연은 늘 어떤 모양으로든 인간에게 고마운 존재다.

우리가 이해하고자 마음먹은 대상에서 멀어지면 멀어질수록 그 사물에 대한 이해는 아무래도 분석적이 된다. 분석적인 대상이란 논리적인 이해로 얻어진 결과물이다. 만약 고도 4천 미터가 아니라 바로 눈앞에서 로키 산맥을 바라본다면, 그래서 길가의 작은 돌멩이 하나라도 만져볼 기회를 얻는다면 그 순간 대상을 이해하는 자세와 마음도 달라질 수밖에 없다. 가까이 가면 갈수록 우리가 이해하려는 대상은 논리의 틀에서 벗어나 감성의 지배를 받는다.

논리적으로 로키 산맥은 미국 서부의 땅덩어리를 반으로 가르는 4800km의 거대한 산줄기일 테지만, 감성을 지닌 여행자에게는 그런 수치 따위는 아무런 의미가 없다. 대신 그곳에 거대한 산봉우리가 우뚝 버티고 서 있기에 그 산봉우리를 넘고자 하는 의지와 욕망도 산봉우리만큼이나 높이 타오른다. 가까이서 바라본 로키 산맥은 그래서 더욱 여행의 욕망을 자극한다.

비행기 편으로 로키 산맥에 도착하게 되면, 아름다운 경치만을 보게 되어 오로지 한쪽 맥락에서만 로키 산맥을 보게 될 뿐이다. 하지만 며칠 동안의 고생 끝에 대초원 지대를 건너 그곳에 도착하면, 전혀 다른 맥락에서 로키 산맥을 볼 수 있게 될 것이다. 이를테면 약속의 땅과 같은 일종의 목적지 역할을 하게 될 것이다.

-로버트 M. 피어시그, 『선과 모터사이클 관리술』

로키 산맥을 여행하는 데 오토바이가 자동차나 항공기보다 매력적으로 다가오는 것은 속도에도 이유가 있다. 길이 좁고 험준하기 때문에 자동차로 달리기에는 아무래도 불편하다. 게다가 자동차는 한번 타면 본능적으로 액셀러레이터를 밟고 속도를 내서 달리고 싶은 마음이 생긴다.

그러나 오토바이는 다르다. 온몸으로 바람을 맞아야 하고 때로는 맞부딪히는 바람 때문에 제대로 숨을 쉬기조차 힘들다. 하지만 그렇게 몸으로 느끼는 대자연의 바람 속에서 우리는 평범한 생활에서는 절대로 경험할 수 없는 신선한 자극에 노출된다.

오토바이는 두 개의 바퀴가 속도를 통해 관성을 유지하면서 중력에 저항하는 묘한 기계다. 속도를 유지하려는 관성의 힘에 조금만 균열이 생겨도 그대로 고꾸라질 수밖에 없는 위험성에 늘 노출되어 있다. 오토바이를 겁없고 철없는 10대들의 도구라고들 하지만 그것은 너무 과장된 말이다. 실제로 오토바이를 타보면 알겠지만, 오토바이를 몰고 가는 사람보다 조심성 많은 사람도 없다. 본능적으로 오토바이를 타면 그만큼 겸허해진다.

겸허한 마음을 지닌 여행자에게 로키 산맥의 대자연은 언제나 커다란 선물보따리를 안고 기다리고 있다. 로키 산맥의 여정 곳곳에서는 오토바이 여행자들만의 고유한 문화를 만날 수 있다. 오토바이 여행자들을 위한 숙소, 정비소, 축제가 그들을 기다리고 있다. 그것은 미국인들의 전형적인 여행방식이다. 로키 산맥을 오토바이로 넘어본 자만이 진짜 미국인 행세를 할 수 있고, 이것이 미국을 여행하는 사람들의 고유한 멘탈리티다.

비행기는 어느새 로키 산맥을 넘어 누렇게 색이 바랜 **거친 사막** 위를 날고 있다. 시간을 거꾸로 이동하는 것 같다. 조금 전까지 로키 산맥을 여행했던 서부개척시대 개척민들의 모습이 지금은 누런 황토바람이 휘몰아치는 사막 위에 투영된다. 참 가혹한 여행이다. 물 한 모금 마실 수 없는 사막을 넘어야 했고 간신히 건넌 사막 뒤로는 다시 신이 쳐놓은 장막처럼 우뚝 솟은 **거대한 산줄기**들이 그들을 기다리고 있었을 테니 말이다.

이런 고통스런 여행을 계속해 나갈 수 있는 힘은 어디서 온 것이었을까? 무엇을 찾아서 그들은 그런 힘겨운 여행을 계속했던 것일까? 잠시 생각에 잠긴다. 사막 위로 한 줄기 가늘고 긴 선이 보인다. 자세히 들여다보니 흙먼지를 날리면서 트레일러들이 꼬리에 꼬리를 물고 달리고 있는 모습이 드러난다.

어쩌면 유럽인들이나 아시아인들은 절대로 이해할 수 없는 여행의 멘탈리티일지도 모른다는 생각이 들었다. 애초부터 출발이 달랐고 이런 방식으로는 여행을 해본 경험도 별로 없었다. 성곽을 돌로 둘러쌓고 그것도 모자라서 성 주변에 깊은 도랑을 파서 해자(垓子)를 만들어 외부인의 침입을 막으려 했던 유럽인들이나 애초부터 외부 세계로 나아갈 필요를 별로 느끼지 못할 정도로 자기만족감에 빠져 있던 아시아인들에게는 이들이 여행길에 흘렸을 눈물과 땀방울의 의미가 제대로 이해될 수 없을 것이다.

스피커에서는 라스베이거스 상공으로 진입했음을 알리는 안내 멘트가 흘러나온다. 단 몇 달러만의 베팅으로도 인생이 바뀔 수 있는 곳, 라스베이거스. 로키 산맥에서 이어진 여행자들의 모습은 여전히 그 잔상이 남아 있다. 대형 카지노의 현란한 간판들, 이집트의 피라미드와 파리의 에펠탑까지 모습을 본떠 그대로 옮겨왔다. 마치 세상의 모든 도시들을 끌어 모아놓은 것처럼 보인다. 그 땅위에 다시 여행자들의 이미지가 투영된다.

나는 여기에 오기까지 **로키 산맥을 넘고 사막을 건너** 라스베이거스의 카지노에 도착했다. 개척시대에는 내가 건너온 시간의 순서와는 정반대로 이동을 했을 것이다. 순간, 마치 하나의 퍼즐처럼 이미지들이 구성된다. 모험(로키 산맥)—도전(사막)—행운(라스베이거스), 그 반대의 순서는 행운—도전—모험이다. 장난삼아 낱말을 맞춰보니 이런 말이 된다. "행운을 기대하면서 도전과 모험을 찾아 떠나는 여행", 가장 미국적인 단어들의 조합이다.

라스베이거스에서 로키 산맥에 이르는 여정은 가장 미국적인 **여행의 참맛**을 느낄 수 있는 공간이다. 어찌 보면 사람들의 사고방식이나 의식은 알게 모르게 자연에서 그 본을 따와 형성된다는 말이 사실인 것처럼 느껴진다. 그리고 그 단어들의 조합은 아직까지도 미국의 많은 여행자들을 사로잡는 가장 매력적인 문장이다.

위대한 여행자들의 멘탈리티

지금까지 많은 여행자들이 여행의 흔적과 루트를 남겼다. 그들은 자신의 한계를 확인하고 뛰어넘기 위해 여행을 선택했다. 어떤 사람은 여행을 통해서 미지의 세계를 이해하려고 했고, 또 어떤 사람은 정치적으로 폐쇄되어 있거나 문화적으로 고립된 지역에서 살아가는 사람들과 접촉하기 위해 여행을 택하기도 했다. 단지 자신만의 여행을 즐기기 위한 목적이 아니었음은 당연한 일이다.

이유는 서로 다르지만 위대한 여행의 흔적을 남긴 사람들에게는 공통점이 있다. 그것은 여행의 뚜렷한 목적과 순수한 동기가 있었다는 점이다. 단순히 목적지만 찾아가는 여행이 아니라 '목적'을 찾는 여행이었다는 점이 다르다.

출발이 있으면 그 끝이 있듯이, 목적지가 없는 여행자는 존재할 수 없다. 위대한 여행의 영혼을 지닌 자에게는 언제나 그를 따르는 여행길의 동료들이 있다. 그래서 여행길이 아니라 수행길이 되기도 하고, 함께 걷는 나눔의 길이 되기도 한다.

사실 목적지가 없이 떠도는 여행은 그리스 신화의 오디세이처럼 여행 자체가 고행이다. 그의 여행은 신으로부터 저주받은 운명 때문에 불가피하게 선택한 떠돌이 유랑이었다. 어쩌면 그에게는 그 어떤 여행자보다 강렬하게 여행의 목적지가 존재했을 것이다. 매일같이 거친 파도와 싸우고 목숨을 위협하는 기괴한 괴물들을 물리쳐야 하는 고난 속에서 지칠 대로 지친 육신을 편히 쉴 수 있는 곳, 그곳은 오직 가족이 기다리는 고향집밖에 없다. 그런 오랜 유랑생활에 종지부를 찍고 하루라도 빨리 고향에 돌아가고 싶다는 강렬한 그리움으로 가득 찬 여행의 최종 목적지가 그를 기다리고 있었다.

하지만 그것을 여행의 순수한 목적과 동일한 것으로 바라보기에는 뭔가 부족한 점이 있다. 그것은 생존을 향한 몸부림과는 사뭇 차원을 달리할 것이기 때문이다. 순수한 목적을 지닌 여행자들에게는 고난에 찬 여행의 과정도 감내할 수 있는 인내와 숭고함이 깃들여 있다. 아무도 시키지 않았고 누구의 부탁도 아니었다. 아무리 힘든 여정이라도 스스로 선택하고 감내하려는 마음자세가 그들의 여행을 남과 다르게 만들었다.

아마 평범한 사람들의 그것은 지극히 개인적인 차원의 것일 터이다. 그런 개인적인 목적을 뛰어넘는 위대한 여행자의 영혼은 그래서 사람들의 가슴을 뛰게 만든다. 험난한 과정이 있고 **감동적인 이야기**가 있다.

20세기 초에, 삼엄하기 그지없는 경계망을 뚫고 티베트로 들어가는 데 최초로 성공한 알렉산드라 다비드 넬(Alexandra David Neel)이라는 한 프랑스 여성의 존재는 그래서 매우 독보적인 위치를 차지한다. 그녀가 티베트로 들어갈 결심을 할 당시, 티베트는 세계로 향하는 문을 걸어 잠그고 있었다. 쉰셋이라는 적지 않은 나이에 승려 복장으로 위장해서 철통같은 군대의 경계망을 뚫고 험준한 티베트 국경 산맥을 넘었던 그녀에게는 과연 어떤 여행의 목적이 있었을까? 그녀는 왜 그토록 힘들고 위험한 여행을 숱한 좌절 속에서도 결코 포기하지 않고 감행했던 것일까?

그것은 신념에서 출발한 여행이었다. 1951년 무력에 의해서 티베트가 중국에 강제로 편입되기 훨씬 전부터 티베트는 고립무원의 고도 속에서 독립을 지키기 위한 힘겨운 싸움을 계속하고 있었다. 비록 자신들은 세계를 휩쓴 전쟁과 갈등의 소용돌이를 피하기 위해서 정치적인 중립을 지키려 했지만, '세계의 지붕'이라 일컬어지는 티베트의 고유한 지정학적 위치와 풍부한 자연자원을 탐내는 세력들로부터 끊임없이 약탈과 침략을 당해야 했다.

강대국들의 틈바구니 속에서 늘 시달려야 했던 티베트, 그런 티베트의 순결한 아름다움을 지키기 위해 알렉산드라 다비드 넬은 티베트를 향한 발걸음을 옮긴다. 탁월한 여행가이자 뼛속까지 방랑자의 기질을 타고난 그녀였지만, 그럼에도 불구하고 감히 아무도 상상할 수 없는 엄혹한 여행의 길을 선택하고 실행에 옮길 수 있었던 데는 티베트의 정신문화에 대한 그녀의 동경심이 큰 작용을 하고 있었다. 그녀의 힘든 여행의 과정이 세상에 공개되면서 세계는 비로소 티베트의 존재에 눈을 뜨게 되었다. 위기에 놓인 은둔의 성지 티베트, 그녀를 통해서 티베트는 여행자들에게는 성지가 되고, 마음의 고향이 될 수 있었다.

위대한 영혼을 지닌 여행자들 가운데는 의외로 소설가들이 많다. 아마도 그것은 여행이라는 과정을 통해서 인간의 마음속에 숨겨진 본성들을 일깨우고자 하는 소설가들의 강한 책임의식 때문일지도 모른다. 미국에서는 두 차례의 세계대전이 끝날 무렵부터 새로운 가치를 찾고 싶은 욕망에 순례 여행길을 떠난 소설가들이 여럿 있다. 이들은 전쟁의 소용돌이 속에서 목격했던 인간의 이기적이고 추악한 욕망에 몸서리를 치면서 새로운 가치를 찾아 여행을 시작했다. 일부는 정신의 이상향을 꿈꾸며 파리로 향했고, 또 일부는 미국 본토를 정처 없이 여행했다. 기존의 보수적인 질서와 가치관에 저항하면서, 새로운 정신적 가치를 추구했던 그들을 일컬어 '비트 제너레이션'(Beat Generation)이라 부른다.

> **서부에 있을 때** 딘은 자기 시간의 삼분의 일은 당구장에서, 삼분의 일은 교도소에서, 삼분의 일은 공공도서관에서 보냈다. 모자도 쓰지 않은 맨머리로 겨울 거리를 열심히 쏘다녔는데, 책을 들고 당구장에 가거나 친구네 다락방에 들어가려고 나무에 기어오르는 모습이 목격되곤 했다. 그는 거기에서 책을 읽으며 시간을 보내거나 법망을 피해 숨어 지냈다.
>
> —잭 케루악, 『길 위에서』

인생의 2/3를 교도소와 당구장에서 보내면서도 마지막 1/3을 공공도서관에서 보낼 수 있었던 이들.

저항과 대마초와 체제에 대한 도전과 할리데이비슨 모터사이클이 우상처럼 등장하곤 했던 그 시절, 거친 황무지나 야생의 본능이 살아 숨쉬는 숲속은 그들에게 삶을 배우는 학습장이었다. 추위를 피하기 위해 몸을 숨겼던 동굴 속에서 그들은 현실에는 존재하지 않는 미래의 환영을 좇았다. 배낭과 침낭은 비트 제너레이션의 필수

샌프란시스코의 잭 케루악 거리 (Jack Kerouac St. in San Francisco) ▶

품. 늘 무언가에 쫓기는 듯, 그들은 무언가를 찾아 끝없이 방랑했다. 그러나 언제나 손에서 책을 놓은 적이 없었다는 것이 그들이 다른 세대들과 다른 점이다.

미국식 저항문화의 원조를 이루는 이들 '비트 제너레이션'의 유산은 오늘날에도 미국식 이상주의와 대안문화의 흐름을 주도하는 이들에게 계승되고 있다. 특히 그 일원 중 한 사람인 잭 케루악(Jack Kerouac)은 『길 위에서』(*On The Road*)라는 작품을 통해 여전히 미국 젊은이들의 가슴을 설레게 만들고 있다. 자신의 자전적 경험이기도 한 이 작품에서 그는 1940년대 말부터 50년대까지 미국 도시들을 순례하며 체험한 미국인들의 일상적인 모습 속에서 잃어버린 자유로운 영혼을 회복하려 했다.

그는 미국 대륙을 여행하면서 자신의 꿈을 찾았고 그 과정에서 적

지 않은 흔적들을 남겼다. 비트적인 삶을 살고자 했던 그의 모습과 작품들을 통해서 미국인들은 진정한 자유가 주는 의미와 기쁨을 다시 생각할 기회를 얻었다. 세계대전의 승리의 결과 형성된 물질주의, 그리고 이어진 보수적인 가치관들이 득세하는 현실 속에서 그의 즉흥적인 사고방식은 마치 재즈의 선율처럼 젊은이들의 마음을 사로잡았다.

특히 미국 히피문화를 추종하는 이들에게는 일종의 우상과도 같았다. 밥 딜런, 짐 모리슨 같은 뮤지션들에게 끼친 영향력은 막강했다. 밥 딜런은 『길 위에서』를 읽고 "다른 모든 사람들처럼 나의 삶도 송두리째 바뀌었다"고 고백할 정도였다. 여기서 중요한 것은 '송두리째 바뀌었다'가 아니라, '다른 모든 사람처럼'이다. 그렇게 그 시절에는 모두가 같은 것을 생각했다.

케루악은 1947년부터 1950년까지 모두 세 차례에 걸쳐 미 대륙을 횡단한 것으로 알려져 있는데, 이렇게 여행을 하면서 그는 자연스럽게 미국의 수많은 도시들에 대한 기억과 흔적을 기록으로 남겼다. 히치하이킹으로 대륙을 종단할 수도 있고, 어디에서도 자유롭게 훌훌 떠날 수 있는 젊은 영혼들, 늦은 밤 카페에는 재즈음악이 흘러넘치고 때로는 마리화나의 연기를 내뿜으며 서로의 우정을 확인했다.

잭 케루악의 이런 자유로운 삶과 사고방식에 감명받은 수많은 젊은이들은 마치 소설 속의 주인공처럼 즉흥적으로 여행길에 오르곤 했다. 한 작가는 그의 신비스러운 영향력을 칭송하면서 "잭 케루악 덕분에 미국에서는 100만 군데의 커피숍이 생겨났고 남녀 모두에게 100만 벌의 리바이스가 팔렸다"고 소리 높여 외쳤다.

여기서 말하는 100만 군데의 커피숍이란 오늘날로 치면 커뮤니티 공간을 상징한다. 이미 일상생활에서 커피를 즐기는 문화가 스며들어 있는 미국인들의 눈에 자칫 커피숍은 사치스런 공간으로 비칠 수 있었다. 그러나 케루악을 통해 커피숍이 단순히 커피만 마시는 것이 아니라 생각을 나누고 소통하는 공간이 될 수 있다는 가능성을 발견했다. 이렇게 커피숍에서 중심은 커피가 아니고 사람이 되었다. 미국인들은 커피숍에서 커피보다 문화를 나눌 이유를 발견했던 것이다.

100만 벌의 리바이스 역시 미국 문화의 대표적인 아이콘인 청바지 문화를 상징하고 있다. 미국인들의 전형적인 가치관 속에 녹아 있는 청바지 문화는 자유와 합리성의 상징이다. 게다가 청바지는 대지의 문화를 즐길 줄 아는 이들이 입을 만한 옷이다. 여행자의 유니폼이 비로소 인류문화 속에 탄생한 것이다.

케루악을 통해서 미국인들은 여행이란 자신의 두 발로 직접 땅의 온기를 느끼는 것이라고 믿게 되었다. 뿐만 아니라 그들은 여행을 통해서 속박과 굴레를 벗어던지고 자유를 찾을 수 있는 근거를 발견했다. 여행이 속박이나 굴레에서 벗어나는, 자유를 상징하는 수단이 되는 그 과정에서 진정한 미국적 가치가 발견되었다. 그리고 그것은 미국의 정신문화가 세계를 주도할 수 있는 힘의 근원이 되었다.

케루악은 자신의 여행이 언젠가 미국의 젊은이들에게 유행이 되고 삶의 한 부분이 될 것이라는 선견지명이 있었던 것 같다. 1970년대 들어서 이런 삶을 실천에 옮긴 사람들은 스스로를 '히피'라 부르며 케루악의 여행길을 그대로 따라갔다. 영화 〈이지 라이더〉나 〈델마와 루이스〉 같은 작품은 케루악의 모티브가 스크린 위로 이동한 것에 다름 아니다.

이렇듯 한 명의 작가, 한 권의 책 그리고 한 여행자의 순례길이 미국인 고유의 문화와 정체성으로 발전할 것을 처음부터 예상한 사람은 그리 많지 않았다.

사소한 것에서부터

잭 케루악의 이야기를 하다 보니 어느덧 여행과 소설이 종이 한 장 정도의 차이로밖에 느껴지지 않는다. 실제로 여행에서 일어난 일들이 때로는 영화보다 흥미로운 이야기로 넘쳐나기도 한다. 사실 영화도 여행과 마찬가지라고 할 수 있다. 2시간여 동안 꼼짝 않고 의자에 몸을 붙박고 있지만, 스크린을 통해 우리는 한 인간의 삶과 인생이란 여정에 동참한다. 사람의 기억이란 어차피 자기가 보고 싶은 것을 중심으로 이루어지도록 되어 있다. 열 명의 사람이 같은 시간, 같은 공간을 여행한다고 해도 그들의 여행에 대한 기억은 엇갈릴 수밖에 없다.

물론 사진이 때로는 여행의 기록을 증명해 줄 수 있을지 모른다. 하지만 사진으로 남긴 여행의 기록도 여행의 기억을 더듬더듬 맞추는 퍼즐조각들일 뿐이다. 사진 속에는 주인공도 있고 조연도 있다. 등장인물들을 은연중에 드러내주는 배경화면도 존재한다. 이따금 클로즈업도 있다. 기념될 만한 여행의 물건이나 장소를 담고 있는 사진들은 영화 속 클로즈업 화면처럼 기억의 초점을 맞춰준다.

어떤 경우에는 빛이 바랜 사진일수록 더 아련한 추억을 안겨준다. 깔끔하고 초점이 제대로 맞은 사진보다 오래되어 귀퉁이가 너덜너덜해진 사진, 심지어는 초점이 빗나간 사진들이 오히려 시간이 지날수록 여행의 기억을 되살리는 데 더 큰 자극이 되기도 한다. 너무 정확하게 묘사된 이미지는 우리의 상상력에도 별 도움이 되지 않는다.

여행 속 사진이란 과거의 기억을 회상하거나 미처 가보지 못한 곳, 실행하지 못한 생각을 되짚어보는 맛이 있다. 때로는 '그때 그랬으면 어떨까?' 하는 마음을 갖고 과거의 시간 속으로 뛰어 들어가 상상에 빠져드는 맛도 있다. 그런 맛이 없다면 인생은 얼마나 지루하고 재미없겠는가.

주인공이 화면 가득 채워진 사진도 여행에 관한 상상의 나래를 펴는 데 도움이 안 된다. 커피 한 잔과 함께 사진 속 한 귀퉁이를 차지하고 앉아 있는 낯선 사람의 뒷모습이 때로는 더 강렬한 상상의 세계로 우리를 인도하기도 한다. 여행지에서의 사진은 바로 그런 것이다.

그렇게 한 장 한 장 모아놓은 사진들이건만, 어느 날 사진정리를 하다 보면 왠지 꼭 있어야 하는 사진들이 어디론가 사라져 버린 것 같은 느낌이 들 때도 있다. 그럴 때는 머릿속의 기억들이 온통 과거에 초점이 맞추어진다. 마치 무슨 소중한 보물이라도 잃어버린 듯 안타까워한다. 요즘처럼 디지털로 찍은 사진들을 컴퓨터에 보관하는 경우에는 흔히 일어날 수 있는 일이다. 이제는 사진앨범 한 페이지가 달랑 사라지는 것이 아니라, 여행 속 모든 순간들이 통째로 '삭제'(delete)될 수도 있다. 물론 사람들은 저마다 사진을 보관하는 자신만의 방법이 있을 것이다.

하지만 아무리 신경을 쓰고 잘 보관하려고 해도, 테두리에 커피 묻은 자국이 있고 모서리가 점점 닳아가면서 색깔도 함께 바래져 가는 앨범 속 사진만의 독특한 맛을 대신할 수는 없을 것이다. 여행의 기억 저편을 더듬더듬 떠올리는 순간은 정겹고 맛깔스러운 여행의 재미 중 하나다.

오히려 여행지에서의 기억을 사진 찍어대듯이 그대로 복사한다면 여행의 추억은 그다지 낭만적이지 않을지도 모른다. 겨울 내내 입었던 낡은 코트를 훌훌 벗어던지는 순간, 마음도 가볍게 봄을 맞이

한다. 그렇게 기억이나 인식에서 벗어나려고 하면 할수록 숨어 있던 여행의 추억들은 되살아난다.

그 순간부터 여행의 기억은 단지 머릿속만의 여행이 아니다. 아마 그때부터 기억의 파편들은 깊숙이 뜨거운 핏줄기를 타고 우리 몸을 휘감을 터이다. 시간을 초월하고 육체가 순간이동 하는 낯설지만 신비로운 체험도 능히 할 수 있다.

나는 여행에서 그런 기억의 공백을 즐긴다. 기억의 공백일 수도 있고, 시간을 통해 일어나는 기억의 망각일 수도 있다.

분명한 것은 우리가 갖고 있는 기억의 한계다. 망각을 통해 벗어나고 싶은 기억도 있고, 잊어버리고 싶지만 절대로 잊히지 않고 끈질기게 따라다니는 기억의 상처도 있을 수 있다. 기억의 공백을 그대로 비워둘 것인지 아니면 어떤 방법을 써서라도 그 기억의 공백을 철저하게 메울 것인지는 전적으로 그 사람 개인의 문제다. 기억을 즐길 마음의 준비가 된 사람들은 사소한 여행지에서의 물건 하나에도 애정을 품고 보관하려고 한다. 물론 그 반대의 경우도 있다. 사진 속에 남겨진 사소한 물건 하나, 거리의 이름 모를 카페, 스치듯 지나친 사람들, 잊었다고 믿었던 여행의 기억이 때로는 시리도록 아픈 기억의 상처를 다시 떠올리게 만들 수도 있다. 그런 사람들에게는 사진 한 장이 고통이 되고, 때로는 운명이 될 수도 있다.

물론 다큐멘터리스트로서 나는 가급적이면 기록의 긍정적인 힘을 믿는 편이다. 힘에 부칠 정도로 아픈 기억들도 있겠지만, 가급적이면 기억들을 불러내는 일을 주저하지 않는다. 어떨 때는 기록에 의존하는 것이 즐겁다. 사소한 기록이라도 놓치고 싶지 않은 기억의 욕심쟁이일지 모른다. 그리고 그것은 어쩔 수 없이 내가 하고 있는 직업적인 일들과 관련이 있다.

나는 늘 습관처럼 다큐멘터리 프로그램을 제작할 때 큰 것보다는 작은 것에 먼저 눈이 간다. 이런 작고 사소한 것들의 힘은 실로 대단한데, 마치 가랑비에 옷자락이 젖듯이 언제 스며들었는지 모르게 그 영향력 속에 빠져들어 간다.

언젠가 뉴욕의 도시 공공디자인(Public Space Design)을 취재할 때의 일이다. 겉으로 봤을 때 뉴욕의 공공디자인을 가장 잘 이해할 수 있는 공간은 뉴욕 시립도서관이나 센트럴 파크처럼 일반인들이 가장 많이 이용하는 공간들이다. 하지만 나는 이미 널리 알려질 대로 알려져 있는 식상한 공간보다 뭔가 새로운 뉴욕의 이미지를 얻고 싶었다. 뭔가 다른 방식으로 뉴욕만이 지니고 있는 공공디자인의 매력을 취재하고 싶었다.

새로운 것을 찾고자 한다면 무엇보다 먼저 시선을 바꿔보는 것이 필요하다. 높고 넓고 빠른 뉴욕의 겉모습을 좀더 안쪽에서 바라보려는 변화, 그것은 작디작고 사사로운 공간들 속에서 시작되었다.

최근 몇 년 전부터 우리나라에서도 보다 쾌적한 도시의 삶을 추구하는 공공디자인에 대한 연구와 개선작업이 활발하게 진행되고 있다. 무엇보다 큰 변화는 시민들의 눈높이가 높아졌다는 점이다. 예전에 내가 만났던 한 대학교수의 말을 빌려 설명하자면, 말 그대로 격세지감을 가질 만큼 빠르고 급속한 변화 속에 놓여 있다. 하지만 현재 우리의 공공디자인 행정에는 그저 웃어넘길 수만은 없는 허점도 많이 있는 게 사실이다. 특히 시민들을 위해 마련된 공공의 공간들이 개발의 대상이 되어가고 있다는 점이다. 전문가들은 우리의 공공디자인 수준이 아직은 초보적인 차원에 머물고 있다고 솔직히 고백한다. 무엇보다 중요한 것은 '공공'(public)이란 개념에 대한 인식인데, 이 부분에서 아직은 갈 길이 좀 멀어 보인다.

사실 이제 공공디자인은 경쟁이나 유행이 된 듯한 느낌이 들 정도다. 얼마 전 한 지방자치단체에서 진행되었던 대규모 공공디자인 사업에서는 정말 웃지 못할 해프닝이 벌어지기도 했다. 낙후된 지역발전을 위해서 시장을 비롯한 행정공무원들이 총동원되어 공공디자인 사업에 총력을 벌일 때의 일이다. 시에서는 사업진행을 위해 공공디자인 전문가들을 초빙해서 지역 내에 새로운 공간을 조성하는 프로젝트를 발표했다. 워낙 유명한 건축가들과 디자이너들로 구성된 만큼 행정당국의 관심도 각별했다.

드디어 기대했던 첫 미팅이 있던 날. 시에서는 수십 명에 이르는 전문가들을 환영하기 위해 도심 입구에 현수막도 설치하고, 새롭게 조성될 시민생활센터 부지도 말끔히 정리했다. 이윽고 여남은 명의 전문가들을 태운 버스가 현장에 도착했다. 초대받은 사람들이 하나둘씩 버스에서 내렸다. 버스에서 내리자마자 그들은 벌어진 입을 다물지 못한 채 서로 얼굴만 쳐다보고 있었다. 건물이 들어설 부지 주변에 심어져 있었던 수십 년 된 가로수들이 모조리 뽑혀나가 버렸기 때문이다. 가로수들을 중심으로 설계를 구상했던 건축가들 입장에서는 실망도 이만저만한 게 아니었다. 더 기가 막힌 것은 그 가로수 철거작업이 불과 며칠 전에 이뤄졌다는 사실이었다. 전문가그룹을 대표해서 가장 나이가 많은 건축가 한 사람이 행정공무원들에게 다가가 왜 갑자기 나무를 모두 뽑아냈는지 까닭을 물었다. 그러자 의기양양한 표정으로 담당공무원은 이렇게 대답했다.

"서울에서 내려오시는 유명한 분들을 모시는데 저희라고 가만히 있을 수 없죠. 뭐라도 좀 해야 하지 않겠나 싶어서. 부지정리 작업 차원에서 저희가 미리 깔끔하게 정리했습니다. 여러분 오시면 편하게 일하실 수 있도록 말이죠. 마음에 드시나요?"

그날 그곳에서 뽑혀나간 것은 **단지 가로수만은 아닐 것이다.** 자연과 조화를 추구하고 사람들이 보다 쾌적하게 살아갈 수 있도록 비전을 제시하는 것이 공공디자인의 역할이다. 공공(public)의 이름으로 개발과 파괴가 끊이지 않는다면, 우리의 공공디자인은 제자리에서 한 걸음도 앞으로 나아갈 수 없을 것이다. 메마른 땅에 심어져 있던 해묵은 나무들이 누군가의 눈에는 건물을 짓는 데 방해물이 될 수도 있을 것이다. 하지만 또 누군가의 눈에는 그 나무들이야말로 그 지역의 오랜 역사와 정체성을 상징하는 유일한 존재로 여겨졌을지도 모른다.

공간디자인 의뢰를 받았던 전문가들은 낙담한 채 다시 집으로 돌아가는 버스에 올랐다. 지금도 이런 이야기들은 공공디자인 사업이 진행되는 곳곳에서 끊임없이 나오고 있다.

원래 공공디자인이라는 개념은 말 그대로 많은 사람들이 생활하는 공공건물이나 공원, 지하철, 거리 등을 쾌적하게 만드는 작업이다. 나는 이런 공공디자인의 설계작업에서 가장 중요한 것은 '마인드'라고 믿는다. 기능이나 규모는 작고 사소하지만 시민들의 마음에 다가가는 진정한 '공공의 이익'을 추구하는 것이다.

그래서 우리보다 몇십 년은 먼저 도시 공공디자인에 눈을 뜬 도시들을 살펴보고 싶어졌다. 그중에서도 뉴욕은 공공디자인이 여러 면에서 가장 흥미롭고 창의적인 방식으로 시민들의 삶에 영향을 끼치고 있는 도시이다. 뉴욕을 몇 차례 취재한 경험도 있던 터라 뉴욕다운 공공디자인의 현장을 프로그램을 통해 보여주고 싶었다. 뉴욕이라는 이름에 걸맞은 뭔가 다른 것을 찾아나선 이유가 여기에 있었다.

우선적으로 떠오른 곳은 뉴욕시 재정으로 운영되는 공공도서관이나 공원, 문화센터 등이었다. 하지만 그런 취재 포인트들은 이미 알 만한 사람들은 거의 다 아는 식상한 장소들이기도 했다. 시간이 걸리더라도 좀더 새로운 곳을 찾아나서기로 마음먹었다. 실마리는 일명 '포켓 파크'(pocket park)라고 이름 붙여진 작은 공원에서 찾게 되었다.

포켓 파크는 고층빌딩의 숲으로 둘러싸인 뉴욕에서 길모퉁이만 돌면 만날 수 있는 작은 공원들이다. 센트럴파크처럼 규모가 크지는 않지만, 사람들이 자연스럽게 휴식을 취하고 책을 읽고 사색을 할 수 있는 공간이다. 포켓 파크는 그래서 뉴욕을 관광하는 관광객들을 위한 공간이 아니다. 뉴욕에서 일을 하고 삶을 일구어나가는 진짜 뉴요커들을 위한 공간이다. 이 공간은 뉴욕 시민들의 삶에서는 빼놓을 수 없는 오아시스 같은 곳이다.

그래서일까? 포켓 파크는 뉴욕의 도심 숲속에 꼭꼭 숨겨져 있다. 뉴욕을 뉴요커들의 눈으로 바라볼 때만 비로소 반갑게 모습을 드러내는 곳이기도 하다.

뉴욕에는 벽돌 하나에도 사연이 깃들여 있다. 그런 터라 포켓 파크 같은 작은 공원들 역시 저마다 자기만의 이야기와 사연을 가지고 있다. 나무벤치, 화단, 작은 인공폭포, 작은 돌조각까지, 이런 자연적인 요소들을 공원에 배치해 놓아 길을 걷다 지친 사람들에게 안락한 휴식을 제공한다.

점점이 숨겨져 있는 포켓 파크를 찾아 뉴욕시 지도를 들고 한참을 헤매다가 발견한 어느 작은 공원에서, 우연히 나는 한 사업가를 만났다. 이른 아침시간 아무도 없는 공원벤치에 앉아서 기도라도 하는 것일까, 그 사람은 깊은 사색에 잠겨 있었다. 사색에서 깨어날 때쯤, 슬며시 그에게 다가가서 말을 붙여보았다. 그의 대답은 의외였다. 잠시 후에 있을 중요한 비즈니스 미팅을 위해서 마음을 차분히 가라앉히려 일부러 이곳을 찾아왔다고 한다. 그가 말하는 비즈니스 미팅이 어떤 것인지는 정확히 알 수 없었지만, 아무튼 수백만 달러가 걸린 중요한 비즈니스 미팅이었던 것만큼은 분명했다. 그날 그 사업가에게 포켓 파크는 도심 속의 수도원이자 명상의 장소였다.

이런 **뉴욕 포켓 파크의 역사**는 1960년대까지 거슬러 올라간다. 당시에 뉴욕시장을 역임한 린제이는 고층빌딩이 빽빽이 들어찬 삭막한 도시에서 시민들이 몸과 마음을 편하게 쉴 수 있는 공간을 제공해 주는 것이 필요하다고 생각했다.

그 결과 1967년 뉴욕 맨해튼 한가운데 팔리 파크(Parley Park)가 설계되었다. 공원의 이름은 CBS방송국의 설립자인 윌리엄 팔리(William S. Parley)에서 따왔다. 팔리 파크는 단순하지만 마치 여느 주택 앞마당의 정원 같은 분위기를 풍기는 자그마한 공원이다. 공원의 벽면을 담쟁이넝쿨이 친친 휘감고 있어서 사방이 온통 녹색으로 아늑한 느낌을 준다. 담쟁이넝쿨은 시각뿐만 아니라 청각적으로도 중요한 기능을 하는데, 하루 종일 들려오는 자동차 경적소리나 엔진소리들을 차단시켜 주는 기능도 함께하고 있다. 게다가 공원 정면 벽에는 작은 폭포도 설치되어 있어 마치 자연 속에 들어와 있는 기분을 느낄 수 있다. 폭포 앞에 서서 시원하게 떨어지는 물줄기 소리를 듣고 있노라면 영혼의 정화장치를 거치는 느낌이다.

대부분의 포켓 파크는 공원부지의 소유나 운영권이 건물 소유주에게 속해 있다. 쉽게 말하면 건물 소유주가 시민들을 위해서 공원이나 휴식공간 등의 편의시설을 제공하고 있는 것이다.

도심 속에 꼭꼭 숨어 있는 오아시스, 그래서 뉴욕을 여행하다 우연히 건물들 사이에 자리 잡고 있는 작은 포켓 파크를 발견하는 재미는 뉴욕을 여행하는 색다른 맛을 안겨준다. 비록 크기는 작지만 포켓 파크에서는 공간적인 크기 따위는 중요하지 않다. 그보다는 오히려 그 작은 공원을 통해서 사람들이 느끼는 마음의 크기가 더 소중하다.

평범한 하루를 살아가는 뉴요커들에게 차가운 겨울 한나절 꽁꽁 얼어붙은 손과 발을 녹일 수 있는 따뜻한 호주머니 손난로 같은 곳, 뉴욕의 포켓 파크는 치열한 경쟁과 자본의 논리가 지배하는 뉴욕 한복판에서 공공(public)의 마인드가 왜 필요한지를 말없이 보여주고 있다.

뉴욕에서 도시 공공디자인을 취재하면서 나는 가는 곳마다 팸플릿이며 자료집들을 빠짐없이 챙겨 모았다. 원래 다큐멘터리를 제작하다 보면 취재에 필요한 자료들에 대한 욕심이 생기게 마련이다. 때로는 가방을 하나 더 사야 할 만큼 자료가 산더미처럼 쌓이기도 한다. 그래서 귀국하기 전날 밤이면 언제나 침대 위에 자료를 쌓아 놓고 버릴지 말지를 고민하면서 밤을 지새우게 된다. 뉴욕에서도 귀국 전날 짐을 정리하다 보니 끌어모은 자료들만 가방 하나 분량이 됐다. 새벽까지 자료들을 가방 구석구석 빈틈을 찾아 우겨넣고 쑤셔넣고 해서 간신히 공항까지는 갔지만, 결국 항공사 수속창구 앞에서 비싼 초과요금 때문에 다시 짐을 풀어 자료들을 골라내야 했던 기억이 있다.

어쨌거나 지금도 내가 모아온 자료들은 **여행지에서의 기**

억을 더욱 생생하게 만들어주는 소중한 물건들이다.

이렇게 여행의 기록을 취미삼아 모으기 시작하면서부터 나는 데이터에도 멘탈리티의 흔적들이 스며 있다는 것을 발견하게 되었다. 사실 멘탈리티라는 추상적인 개념을 제대로 이해하고 공감하기 위해서는 좀더 구체적이고 실증적인 자료들이 필요하다. 그래야 혼자만의 주관에 그치는 한계도 어느 정도 극복할 수 있다. 이러저런 필요에 의해서 데이터 중심의 사고를 하기 시작했는데, 모아놓은 데이터들 중에는 흥미로운 것들이 꽤 많았다.

이번 작업을 위해서 여행의 멘탈리티를 소재로 데이터를 정리해 봤더니 역시 의미 있는 결과들이 나왔다. 그중 몇 가지는 여행에 관한 우리 젊은이들의 멘탈리티를 설명해 주는 데이터들이라서 한 번쯤 곱씹어볼 필요가 있을 것 같다.

2009년, 유럽에 본사를 둔 유레일그룹은 유레일패스 티켓의 해외 판매와 마케팅 전략 수립을 위해서 유레일패스 이용자들을 대상으로 한 분석작업에 들어간다. 유레일패스란 말 그대로 그물망처럼 연결된 유럽 전역을 기차를 타고 여행할 수 있는 여행티켓이다. 유럽을 찾는 수많은 여행객들에게는 손쉽고 편리하게 유럽을 여행할 수 있는 기회를 제공하기 때문에 인기도 높다. 이런 유레일패스를 홍보하고 마케팅을 책임지는 유레일그룹은 전세계 유레일패스 이용자들의 협조를 얻어서 몇 달 동안 설문조사에 착수했다. 그런 다음 설문조사의 결과를 분석하는 과정에서 한 가지 예상치 못했던 흥미로운 사실을 발견했다. 그것은 유레일패스 이용자들의 국적과 관련된 것이었다.

유레일패스를 많이 이용하는 나라들을 중심으로 순위를 매겨본 결과, 전세계에서 유레일패스를 가장 많이 이용하는 나라는 인구 면에서나 경제력 면에서 가장 앞선 나라인 미국이 차지했다. 미국 시장이 워낙 크고 유럽과 근접해 있기 때문에 당연히 유럽 여행에 대한 요구도 높을 수밖에 없다. 충분히 예상이 가능한 조건들이다. 그렇다면 두번째로 유레일패스를 많이 이용하는 국가는 어느 나라가 차지했을까? 우리가 주목해야 할 부분은 바로 이것이다. 통계자료를 정리하면서, 조사에 참여한 유레일그룹 관계자들도 이 부분에서 모두 깜짝 놀랐다고 한다. 2위의 주인공은 놀랍게도 바로 **대한민국**이었다.

사실 조사가 시작되기 전까지만 해도 아시아권에서 가장 많은 이용객을 보유할 것으로 예상된 나라는 중국이나 일본 혹은 인도 정도가 손꼽혔다. 그럴 수밖에 없는 것이 일단 인구 면에서 이 나라들은 아시아 여행시장에서 절반 이상을 차지한다. 게다가 중국인이나 일본인의 경우에는 자국 내에서 여행을 할 때, 자동차보다 기차 이용률이 높기 때문에 당연히 이 나라들 가운데서 두번째 나라가 나올 것으로 예상했었다. 그런데 그런 예상을 깨고 대한민국이 2등을 차지한 것이다. 뿐더러 그들을 더욱 놀라게 만든 것은 2위를 차지한 대한민국의 시장점유율이었다. 아시아 시장만을 놓고 조사된 자료를 보면 대한민국은 무려 67%의 시장점유율로 중국이나 일본을 멀찌감치 따돌리고 있다.

유레일패스 이용률에 대한 분석을 통해 유레일그룹 관계자들은 아시아 시장에서 마케팅의 방향을 전면적으로 재설정하기 시작했다. 한국어 홈페이지가 새롭게 개편되었고 한국인들의 감성에 다갈 수 있는 다양한 여행 문화상품들이 기획되기 시작했다. 유레일그룹 입장에서 보면 **적지 않은 변화**가 일어난 것이다.

그렇다면 대한민국이 유레일패스 이용률에서 세계 2위를 차지한 것은 어떤 의미가 있을까? 이 통계자료는 우리에게 무엇을 말해 주고 있는 것일까? 그것은 여행자의 멘탈리티 속에 담겨 있는 생각과 행동의 가치들과 직결되는 무언가를 간직하고 있다.

그물망처럼 연결되어 있는 유럽의 기차 네트워크를 자기 마음대로 선택적으로 이용할 수 있다는 점에서 유레일패스는 자유로운 배낭여행자들에게 가장 잘 어울리는 여행수단이다. 한마디로 젊은이들이 가장 많이 이용하는 여행의 수단이란 뜻이기도 하다. 유레일패스의 이용률이 높을수록 그만큼 유럽 대륙을 여행하는 젊은이들도 많을 수밖에 없다. 적어도 아시아 젊은이들 가운데 여행에서만큼은 지금 대한민국 젊은이들이 아시아의 최정상에 있다고 말할 수 있는 이유가 여기에 있다.

그것은 곧 여행에 대한 강렬한 욕망이며, 여행에 대한 적극성은 그들이 생활하는 삶의 곳곳에서도 다양한 모습으로 드러나고 있다. 도전과 모험을 즐기는 여행자의 멘탈리티는 곧 그들이 속한 사회와 조직 속에 활력을 불어넣을 것이다.

두번째로는 여행의 수단이 지니고 있는 특성과도 관련이 있다. 낯선 여행지에서 이동의 수단은 곧 그 여행자의 기질을 그대로 보여준다.

관광버스를 타고 안전하게 여행지를 옮겨 다니는 것은 그만큼 여행에서도 안전한 길을 선택했다는 것을 의미한다. 그들이 안전을 선택한 만큼 모험심은 그만큼 줄어든다. 관광버스는 언제나 정해진 곳으로 이동을 한다. 유명한 관광지나 쇼핑센터처럼 편안한 여행을 하기에 적합한 수단이다. 게다가 여행을 떠나기 전에 함께 출발했던 사람들과 여행이 끝날 때까지 함께해야 하는 여행이다. 새로운 사람을 접할 기회도, 낯선 환경 속으로 파고들 기회도 당연히 적어진다. 단체로 이동을 하고, 단체로 식사를 하고 같은 호텔에서 잠을 잔다. 여행을 마치고 되돌아올 때도 정확하게 출발 당시의 인원수가 틀리지 않다면 그 여행은 성공한 것이다.

그에 비하면 유레일패스는 지극히 개인적인 이동수단이다. 각자가 계획한 여행의 루트를 따라서 유럽의 철도를 이용하는 것이다. 그러다 보니 기차여행을 선택한 사람들은 자기 앞에 어떤 일이 펼쳐질지 모르는 여행자의 운명을 자연스럽게 맞이한다. 때로는 기차를 놓쳐 플랫폼 벤치에 누워 밤을 새울 각오도 해야 하고, 또 때로는 옆자리 낯선 사람과 함께 몇 시간이고 가야 한다. 새로운 경험, 낯선 환경에 잘 적응하지 못하는 사람들에게는 괴로울 수도 있는 여행수단이다.

그럼에도 유레일패스가 젊은 배낭여행자들에게 각광을 받는 이유는 바로 이런 것 때문이다. 저렴한 비용으로 그들은 훨씬 더 넓은 영토까지 여행을 떠날 수 있다. 여행의 영토를 확장하고자 하는 도전적인 마인드를 키우기에는 최적의 수단이다. 이런 여행의 수단을 우리 젊은이들이 많이 선택하면 할수록 그들의 마음속에는 도전적이고 창의적인 멘탈리티가 살아날 것이다. 이는 우리가 갖고 있는 가장 큰 가능성일 수도 있다. 만약 당신이 유럽의 어느 기차역에서 여행을 시작하려고 한다면, 당신이 만나게 될 아시아 젊은이 열 명 중 예닐곱 명은 필시 대한민국 젊은이들일 것이다.

여행에 관한 직접적인 데이터는 아니지만, 이렇듯 우리 젊은이들의 여행감각을 엿볼 수 있는 데이터들은 한두 가지가 아니다. 지난해 미국 이민세관단속국(ICE)이 발표한 자료 역시 우리 젊은이들의 도전적인 여행기질을 잘 드러내 보인다. 2009회계연도에 조사된 미국 내 유학생 등록현황 자료를 보면, 대한민국 젊은이들은 다른 외국인 유학생들을 누르고 3년 연속 1위를 차지하고 있다. 총 등록된 인원수는 11만 83명, 미국 내 전체 외국인 유학생 72만여 명 가운데 15.2%나 되는 숫자다. 국가의 전체 인구를 감안한다면 대단한 비율이 아닐 수 없다. 한국에 이어 인도가 2위를 차지했고 중국, 일본, 캐나다, 대만이 그 뒤를 이었다. 경제위기가 계속되는 상황에서도 교육에 대한 투자는 전혀 줄어들고 있지 않다는 것을 말해 준다.

한편 **여행에 관한 젊은이들의 멘탈리티**는 이제 꼭 돈을 들여서 여행을 떠나는 단계를 뛰어넘고 있다. 젊은이들은 개발도상국에 자원봉사 형태로 파견을 나가거나 위기에 처한 농촌의 현실을 극복하기 위해서 스스로 농촌마을에 들어가서 농사일을 도우면서 새로운 세계 속에 몸을 담근다. 낮에는 농사일을 돕고, 밤에는 함께 생활하는 외국인 친구들과 교류하면서 다른 나라의 문화를 체험한다. 이들의 여행에는 돈으로는 결코 살 수 없는 고귀한 땀과 열정의 가치가 스며들어 있다.

2006년에 나는 캄보디아에 국제협력단(KOICA) 소속으로 파견된 한 여대생 자원봉사자를 만난 적이 있다. 그 여대생을 만나기 위해서 8월 한여름 열대우림의 캄보디아 농촌마을까지 날아가야만 했다. 한낮의 기온이 섭씨 40도를 육박하는 무덥고 습하고 모기와 파리가 떼로 덤벼드는 낙후된 프놈펜 교외의 한 농촌마을, 그곳에서 그 학생은 2년째 자원봉사를 하고 있었다. 나는 단 이틀을 버티기도 힘든 곳에서 무려 2년이나 생활하고 있었던 것이다. 게다가 변변한 교통수단이 없는 곳이다 보니 이동할 때는 주로 오토바이를 이용해야 했는데, 어느 날 오토바이를 타고 가다 뒤로 넘어지면서 생명을 위협받기도 했다고 한다. 사고가 나면서 척추가 골절되어 캄보디아에서는 수술이 불가능하다는 판정을 받고 서울로 이송되어 두 차례에 걸친 대수술을 받았다. 하지만 수술이 끝나고 몸이 회복되자 다시 그 학생은 동료들이 있는 캄보디아로 날아갔다.

도대체 그녀를 지탱시켜 주는 힘은 무엇이었을까?

국제협력단의 도움을 받아 내가 찾아간 캄보디아 프놈펜 외곽의 마을에는 그 여대생 말고도 10여 명의 한국인 자원봉사자들이 함께 생활하며 일을 하고 있었다. 아침 7시에 기상해서 저녁 6시까지 그들의 하루 일과는 쉴 틈이 없을 정도로 빡빡했다. 하루 종일 냄새나는 돼지우리를 치우고, 홍수에 쓸려간 마을길을 새로 놓고, 끊어진 다리를 연결했다. 그들 덕분에 마을에는 아이들을 괴롭혀왔던 이질과 콜레라로부터 해방될 수 있는 우물이 만들어졌다. 하릴없이 동네를 돌아다니기만 하던 아이들은 이제 학교에서 공부를 하면서 꿈을 키우고 있었다. 다른 나라로부터 도움을 받던 나라에서 우리보다 못한 가난한 사람들을 위해서 도움을 주는 나라로 바뀐 것이다. 그리고 그 뒤에는 우리 젊은이들이 있다.

현재 이들처럼 개발도상국에 파견되어 자원봉사를 하는 젊은이들은 모두 60여 개국 1800여 명에 달한다. 바야흐로 한국국제협력단을 뜻하는 용어인 코이카(KOICA)는 국가적으로도 매우 유용한 자산이 되었다. 국가 이미지를 높이는 것은 물론이고 코이카를 통해 배출된 인재들이 세계 곳곳에서 다양한 방식으로 현지인들과 네트워크를 만들고 있기 때문이다. 그리고 이런 지속적인 협력과 교류가 있음으로 해서 해외로 진출하는 우리 기업들에게는 든든한 후원자가 되어주기도 한다. 국가나 기업이 쉽게 해내지 못한 일들을 우리 젊은이들이 해내고 있는 것이다.

국제협력을 통한 개발도상국들에 대한 지원과 원조는 경제위기 속에서 더욱 빛을 발하고 있는데, 오죽했으면 축구장에서 '붉은 악마'와 '블루 사무라이'가 승리를 향해 대결을 펼치듯 개발도상국에서는 코이카(KOICA)와 자이카(JAICA, 일본국제협력단)가 치열한 경쟁을 펼치고 있다는 말이 나올 정도이니 말이다.

이렇게 국제협력단 코이카가 국가적인 자원봉사 활동에 주력을 하고 있다면, 우프(WWOOF)는 그보다는 훨씬 자율적인 민간 차원의 농촌 자원봉사단체이다. WWOOF는 Willing Workers On Orgarnic Farms의 약자로, 유기농법으로 농사를 짓고 있는 농촌마을에 일꾼으로 참여해서 봉사활동을 하는 것을 일컫는다.

현재 전세계에 60여 개 회원국을 보유하고 있고, 개별 나라마다 수십 개에서 수백 개에 달하는 우프 농가가 회원으로 가입되어 있다. 우프에 참여하는 방식은 간단한데, 자신이 일을 하고 싶은 나라의 우프 농가를 선택하고 이메일로 연락을 해서 확인을 받으면 절차는 끝난다. 특별한 강제조항 없이 모든 것이 자율적으로 결정되는 시스템이다. 농촌의 현실에 따라 조금씩 차이가 나지만 보통은 하루 5시간 내외의 농사일을 돕고 숙식을 무료로 제공받을 수 있다. 자유로운 생활이 보장되고 세계 여러 나라에서 온 우프 회원들과 함께 생활할 수 있기 때문에 외국인 친구들을 사귀기에도 좋다. 우프에서는 영어가 공용어로 사용되기 때문에 최근에는 영어실력을 키우기 위해서 일부러 우프에 참여하는 사람도 많다고 한다.

우프는 대부분 도시에서 자고 나란 젊은이들에게 자연의 존재를 새롭게 깨닫는 과정이 되기도 한다. 고되고 힘겨운 농촌생활을 직접 경험함으로써 우리가 먹고 마시는 음식의 소중함을 깨닫기도 하고, 평온한 농촌마을의 분위기를 몸으로 느끼면서 마음의 안정을 되찾기도 한다.

국제협력단 코이카나 우프와 같은 존재는 오늘날 젊은이들의 여행이 단지 놀고먹는 여행이 아니라 땀과 열정을 뿜어내는 가치 있는 멘탈리티를 지닌 여행으로 발전하고 있음을 보여주는 건강한 사례들일 것이다.

우리는 왜 여행하면서
책을 읽어야 하는가?

여행이란 무엇일까? 책은 무엇일까? 나는 그렇게 한 손에는 책을 쥐고 한 손에는 여행가방을 들고서 지난 20여 년 동안 내가 발자국을 남긴 여행지에 대한 기억을 더듬어왔다. 이 두 가지는 지금까지 나의 삶을 이끌어온 가장 소중한 삶의 원동력이었다. 아마 앞으로의 삶에서도 그 가치는 빛을 잃지 않을 것이라 믿는다. 이제 서서히 나의 이 여행도 종착역에 다다르고 있는 것 같다.

나에게 여행은 언제나 몸은 피곤해도 **마음을 단련시키는 수단**이었다. 언제나 몸이 고달픈 만큼, 정신과 영혼은 더욱 또렷이 캄캄한 밤하늘에서도 북극성을 찾아내려고 노력했다. 나는 세상에 살면서 남겨놓은 삶의 흔적들이 바람에 날려버리고 빗물에

씻겨버리는 것이 싫었다. 나에게 세상은 화가의 그림판이며, 음악가의 오선지였다. 그 세상 속에서 삶을 노래하며 낯선 사람들에게 나의 그림과 음악을 전하고 싶었다.

나에게 여행은 늘 그런 것이었다. 그리고 그 여행지에서 나에게 **나침반**이 되고 힘을 준 것은 한 권의 책이었다.

'책과 여행'은 어쩌면 오늘날 세상이 원하는 삶의 모습과는 거리가 있을지도 모른다. 바쁘고 쉼 없이 변해 가는 세상 속에서 하루라도 빨리 성공을 향해 도약할 수 있는 발판을 찾는 일이 더 중요한 가치라고 여겨질 수도 있을 테니까 말이다. 세상은 그렇게 각자의 분야에서 필요한 '전문가'를 찾고 있는 것인지도 모른다. 그런 관점에서 본다면 '책과 여행'은 전문가를 위한 길잡이는 못될 것 같다. 어차피 이 책은 기능이나 도구 같은 개념과는 거리가 멀다. 조금은 시간이 더 걸리더라도 뭔가 삶이 가슴 벅차게 다가오는 그런 삶을 살고 싶은 사람들에게는 위안이 될 수 있을 터이다.

이제 **우리가 좇아온 삶의 가치**들을 되돌릴 수 있는 시간이다. '책과 여행'은 삶을 되돌릴 수 있는 자극이며, 운명조차도 선택할 수 있는 기회를 제공한다. 그것은 어쩌면 오래전부터 인류가 꿈꿔왔던 이상적인 삶의 가치와도 맥을 같이하지 않을까.

옛날 고대 그리스인들은 아레테(arete)라고 해서 일종의 '덕'(德) 혹은 '탁월성'을 추구하는 것을 인생에서 가장 가치 있는 일로 여겼다. 그런데 그들이 생각한 '탁월한 삶'이라는 것이 그리 만만치 않다. 그리스인들의 삶을 오래도록 추적해 온 영국의 한 학자는 그의 책에서 다음과 같이 '그리스인들'의 이상적인 인간상에 대해서 증언하고 있다.

『오디세이』의 주인공은 위대한 투사이자 능수능란한 책략가이고, 언제나 유창한 연설을 할 준비가 되어 있는 화술가인 동시에, 신들이 그에게 내려준 것을 별다른 불평 없이 견뎌야 함을 알고 있는 강인한 마음과 폭넓은 지혜의 소유자이다. 아울러 그는 배를 건조할 줄 아는 동시에 조종할 줄 아는 사람이며, 누구 못지않게 밭을 제대로 갈 줄 아는 사람이기도 하고, 또 원반던지기에서 허풍을 떠는 젊은이를 이길 능력을 갖춘 사람인 동시에 권투, 씨름, 달리기 경기에서 젊은이에게 도전을 할 수 있는 사람이기도 하다. 아울러 황소를 잡아 가죽을 벗기고 고기를 잘라 요리를 할 수 있는 사람인 동시에, 노래를 듣고 감동하여 눈물을 흘릴 수도 있는 사람이다. 실제로 그는 탁월한 만능인간이다. 다시 말해 비상하다고 할 만큼의 아레테(arete)를 소유한 자다. 아레테는 삶의 총체성 또는 통일성에 대한 경의를 함축하는 말로, 따라서 전문화에 대한 혐오감을 암시하는 말이기도 하다. 또는 한층 더 차원이 높은 개념으로서의 효율성—그러니까 어떤 하나의 특정한 분야에 존재하는 것이 아니라 삶 자체에 존재하는 효율성—을 암시하는 말이라 하겠다.

- 키토(Kitto), 『희랍인들』(The Greeks)

솔직히 처음에 이 글을 읽고 나는 한숨부터 나왔다. '위대한 투사' '능수능란한 책략가' '연설가' '강인한 마음과 지혜의 소유자'까지는 소설이나 영웅담의 이상적인 인간상이라고 접어두도록 하자. 하지만 줄줄이 이어지는 말들 앞에서는 저절로 고개가 절레절레 흔들어졌다. "배를 조종하고 밭을 갈 줄 알고 권투, 씨름, 달리기에서 젊은이를 이기며 황소를 잡아 가죽을 벗기고 고기를 잘라 요리를 할 수 있는 사람, 그러면서도 감동할 줄 알고 눈물을 흘릴 줄 아는 사람"이 과연 얼마나 있을까?

하지만 그들에게 '이상적'(ideal)이란 표현은 언제나 '현실적'(real)이란 말과 같은 뿌리를 가지고 있다. 그저 상상이나 허구에 나오는 존재가 아니라 현실의 세계 속에 육체를 갖고 살아가는 인간을 가리키고 있는 것이다. 그들은 이런 인간이 존재할 거라 믿었고, 실제로 그렇게 삶을 살려고 치열하게 노력했다. 그것이 바로 고대 그리스인들의 멘탈리티였다.

그리고 고대 그리스인들의 '인간상'은 지금 우리에게도 많은 고민 거리를 던져주고 있다. 만약 이 말을 현대를 살고 있는 우리들의 삶에 대입시켜 보면 아마 이런 모습이 되지 않을까 생각한다.

아침에 일어나 일터로 나가 그곳이 치열한 전쟁터임을 자각한다. 그리고 수많은 경쟁자들 속에서도 굳건하게 자신의 자리를 지키고 엄혹한 시련이 와도 직장에서 끝까지 살아남아 끈덕지게 버텨야 한다. 가정에서는 아이들을 위한 훌륭한 교사가 되어야 하며, 한 달에 한두 번은 주말에 가족을 위해서 어디론가 여행을 떠나야 한다. 때로는 아이들의 건강을 위해 함께 수영도 하고 축구나 농구 정도는 할 줄 알아야 한다. 식탁에 맛있는 음식을 올리기 위해 냉장 보관된 닭의 내장을 꺼낼 수 있어야 한다. 부부는 늘 가사에 공동으로 참여하고 주식이나 재테크에도 재능을 보여 노후를 미리미리 대비해야 한다. 그렇게 늙어서도 삶이 누군가에게 부담이 되지 않을 정도로 건강과 재산을 축적해야 할 것이다.

'전문인'으로 살던 사람이 어느 순간 '만능인'으로 자신의 삶의 방향을 바꾼다는 것은 말처럼 쉬운 일이 아니다. 하지만 이렇게 살지 않으면 안 되는 세상이 오고 있음을 부정할 수도 없다. 이런 만능인으로 살아가기 위해 지금 시점에서 냉정하게 따져볼 것은 따져봐야 한다.

잠시, 삶을 되감아보자. 거래처를 찾아다니고 친구를 만나고 술을 마시며 하루를 마감하는 삶, 주말이면 어김없이 이른 새벽 골프장으로 향하고 헬스클럽에 가서 몸을 만들고 야구장에서 소리 높여 자신이 좋아하는 팀을 응원하면서 스트레스를 푼다고 해서 만족스러운 삶의 모습이 발견되지는 않는다.

전문인으로만 삶을 산다는 것이 불편하지 않다고 해도, 어쩔 수 없이 세상은 우리에게 만능인을 요구하고 있지 않은가? 과연 어떤 것이 바람직한 만능인을 만드는 방법인가? 나는 아무리 생각해도 다른 방법을 찾을 수가 없었다.

그래서 시작한 것이 운동하듯 여행을 하고, 쇼핑카트에 물건을 담듯 책을 손에 쥐었다. 아마도 여러 가지를 따져봐도 가장 합리적인 방법 중의 하나였던 것 같다.

우리가 전문인만의 인생만으로 만족할 수 없는 이유는 또 한 가지가 있다. 그것은 일종의 사회적인 흐름이고 자본의 논리처럼 경제를 지배하는 거대한 사회적 구조의 변화다. 과거처럼 지식이 중심이 되던 시대에는 무엇보다 전문인이 되는 것이 중요했다. 하지만 이제 지식이나 정보는 넘쳐나고 있다. 지식이나 정보에만 해박한 전문인으로는 치열한 구조조정의 시대를 살아남지 못한다. 이제 우리가 가야 할 길은 '만능인'일지 모른다.

현실의 만능인보다 현실성은 조금 떨어지지만, 내가 꿈꾸는 만능인에는 이런 모습도 담겨 있다. 그래서 나는 가끔은 이런 꿈도 꾸어본다.

눈앞에 넘실거리는 파도를 헤치고 거대한 고래 한 마리가 달려온다. 나는 고래 앞으로 다가가 먹이를 준다. 망망한 바다, 고요함 속의 정적이 느껴지면 어느새 우리가 탄 배는 북극에 다다른다. 녹아내리는 빙하들을 바라보며 한숨을 쉬기도 하고, 때로는 난파된 유조선에서 흘러나온 기름을 뒤집어쓴 채 죽음을 기다리는 새들의 모습을 눈물로 지켜보기도 한다. 매일 타던 자동차 대신 자전거 페달을 밟으며 일터로 향하고, 조금이라도 지구의 공기를 맑게 할 수 있는 방법이 무엇인지를 고민하며 그런 생각을 나눌 친구를 사귄다. 할 수만 있다면 뭔가 뜻 깊은 일을 찾아 자원봉사 활동에 참여하고 산에 올라 한 그루의 나무를 심는 일들…

어차피 삶은 꿈꾸는 자의 몫이다. 생각은 생각을 만들고, 삶의 방향이 분명할수록 꿈은 허상이 아니다. 나의 '책과 여행'은 언제나 나를 그런 실현 가능한 현실의 꿈으로 인도할 것이다.

살아남되 멋지게 살아남고, 고독을 즐기되 고독을 벗삼고, 운명을 어깨동무하듯 사랑하는 이의 한번 잡은 손을 놓지 않는, 그래서 한번을 살다가더라도 정말 멋지게 살았노라 말할 수 있는 삶을 나는 '책과 여행'을 통해 찾고 싶다.